CENTRAIS DE CARTÓRIO E PROTEÇÃO DE DADOS

CONTRACORRENTE

Ricardo Dip
(Organizador)

CENTRAIS DE CARTÓRIO E PROTEÇÃO DE DADOS

SÃO PAULO
2023

CONTRACORRENTE

Alameda Itu, 852 | 1º andar |
CEP 01421 002
www.loja-editoracontracorrente.com.br
contato@editoracontracorrente.com.br

EDITORES
Camila Almeida Janela Valim
Gustavo Marinho de Carvalho
Rafael Valim
Walfrido Warde
Silvio Almeida

EQUIPE EDITORIAL
COORDENAÇÃO DE PROJETO: Juliana Daglio
REVISÃO: Amanda Dorth
REVISÃO TÉCNICA: Douglas Magalhães
DIAGRAMAÇÃO: Pablo Madeira
CAPA: Mariela Valim

EQUIPE DE APOIO
Fabiana Celli
Carla Vasconcelos
Fernando Pereira
Valéria Pucci
Regina Gomes
Nathalia Oliveira

Dados Internacionais de Catalogação na Publicação (CIP)
(Câmara Brasileira do Livro, SP, Brasil)

Centrais de cartório e proteção de dados [livro
eletrônico] / organização Ricardo Dip. --
1. ed. -- São Paulo : Editora Contracorrente, 2023.

Vários autores.
Bibliografia
ISBN 978-65-5396-053-4

1. Cartórios - Brasil 2. Direito à privacidade

3. Proteção de dados - Direito - Brasil 4. Proteção.
de dados - Leis e legislação 5. Proteção de dados.
pessoais I. Dip, Ricardo.

22-125658 CDU-342.721(81))

Índices para catálogo sistemático:
1. Brasil : Proteção de dados pessoais : Direito 342.721(81)
Aline Graziele Benitez - Bibliotecária - CRB-1/3129

@editoracontracorrente
Editora Contracorrente
@ContraEditora

SUMÁRIO

NOTA DO ORGANIZADOR

Todos os entes do universo – naturais ou artificiais – sujeitam-se a mudanças. Algumas dizem-se acidentais (assim, os movimentos que correspondam às categorias de lugar, de quantidade e de qualidade), e outras são substanciais, porque, ao afetarem uma coisa de modo intrínseco, corrompem-lhe a substância, gerando outra a sucedê-la.

No Brasil atual, a implantação de centrais bastante interferentes nas atividades tradicionais das notas e dos registros públicos, propiciou a formação de algumas tendências acerca das mudanças impostas com a efetivação dessas centrais. Parece discreto observar que só em umas tantas manifestações essas tendências possam dizer-se correntes de opinião, já, pois e agora, nutridas de algum modo de juízo crítico.

Com alguma simplificação e padecendo, embora, de um viés esquematizante, abstraindo-se os matizes dentro dessas tendências e prescindindo-se, não menos, de alguma sobreposição de suas ideias (p.ex., parece admissão comum em todas elas a convicção de as centrais representarem algum benefício para o atendimento à dimensão geográfica do Brasil), podem aqui resumir-se a três essas inclinações: (*i*) a dos praxistas, (*ii*) a dos economicistas e (*iii*) a dos institucionalistas.

Os praxistas, cujo número de aderentes é majoritário, são os que se conformam ou, ao menos, resignam-se com a implantação das centrais, em muita medida porque eles não avistam possibilidade de êxito em obstar-lhes a existência. Adotam, pois, ou uma posição mais passiva de indiferença conformista (adiaforia) ou uma postura de mera resignação seja com a determinação positiva (*potestates dicerunt*), seja com a confiança idealista nas lideranças sindicais carismáticas (*duces dicerunt*). Podem também situar-se entre os praxistas os que, resignados embora com a implantação das centrais, alistam-se entre os que lastimam arcarem com seu custeio.

O segundo grupo tendencial é o dos economicistas, com suas variadas posições pontuais, muitas dessas posições ideologicamente explicitadas. Parece ser-lhes comum a ideia de que as centrais devam avaliar-se a partir de uma perspectiva utilitarista e consequencialista. Tendem, ainda que nem sempre de maneira expressa, a acolher-se na ideologia liberal, mas isto não os afasta da mescla de alguma influência socialista, o que acarreta que, em seu liberalismo socialista (ou socialismo liberal), terminem por admitir a conjugação de interesses administrativos com os reclamos do mercado, levando à implantação de um modelo híbrido para as centrais: assim, em alguns casos, seria mais avistável uma tendência dominante em prol da americanização das práticas notariais e registrais; noutros, uma inclinação maior ao modelo administrativista.

A terceira dessas tendências agremia, com diferentes posições, os críticos institucionalistas, cujo ponto comum está em opor-se aos modos de instituição, de constituição e de funcionamento das centrais, hospedando-se alguns, de maneira prevalecente, num confronto dogmático; outros, na prognose desfavorável de eficácia do sistema; outros ainda, enfim, assentados, principalmente, em que as centrais levam à desconstrução do modelo histórico das notas e dos registros, rompendo, portanto, com uma experiência histórica e circundante que têm por bem sucedida.

Este livro – *Centrais de cartórios e proteção de dados* – que reúne estudos já publicados de par com algum texto inédito, recolhe de vários autores, com diferentes orientações, um debate que se faz necessário para responder a questões inquietantes, como seja, p.ex., a da própria subsistência das atividades extrajudiciais segundo o modelo várias vezes secular adotado no Brasil.

Esse debate é, pois, notoriamente oportuno, e a contraposição de argumentos, em matéria opinativa como a que se refere à instituição, constituição e implantação efetiva das centrais do extrajudiciário brasileiro, pode contribuir, e isto é o que mais importa, a reconhecer o que, neste campo, atende, de fato, ao bem comum.

DES. RICARDO DIP

SOBRE OS AUTORES

ALLAN RAMALHO FERREIRA

Mestre em Direito do Estado pela PUCSP, Defensor Público, Coordenador do Núcleo Especializado de Habitação e Urbanismo da Defensoria Pública do Estado de São Paulo, Diretor de Articulação Social da APADEP, Associado ao IBDU e Colaborador do BR Cidades.

ANTONIO CORRÊA DE LACERDA

Presidente do Conselho Federal de Economia (Cofecon) e professor da Faculdade de Economia, Administração, Ciências Contábeis e Atuariais da PUC-SP.

ARMANDO ROVAI

Armando Rovai é advogado, presidente da Comissão Especial de Direito de Empresa da OAB-SP, ex-presidente da Junta Comercial-SP e do Ipem-SP, ex-secretário nacional do Consumidor (Senacon) e doutor pela PUC-SP.

DANILO DONEDA

Doutor em Direito Civil, advogado, professor no IDP e membro indicado pela Câmara dos Deputados para o Conselho Nacional de Proteção de Dados e Privacidade.

EDISON FERNANDES

Doutor em Direito das Relações Econômicas Internacionais pela Pontifícia Universidade Católica de São Paulo (PUC-SP). Professor da Universidade Mackenzie e da FGVLaw. Membro da Academia Paulista de Letras Jurídicas (APLJ). Advogado em São Paulo

FLÁVIA CANO

Graduanda em direito pela Universidade de São Paulo (USP). Estagiária de Pereira Neto, Macedo Advogados.

GUSTAVO MARINHO DE CARVALHO

Advogado, mestre em Direito Administrativo pela PUC/SP, especialista em Direito Administrativo e Financeiro pela Universidade de Salamanca – Espanha e especialista em Direito Administrativo pela PUC/SP.

INGO WOLFGANG SARLET

Doutor em Direito pela Universidade de Munique. Professor Titular e Coordenador do Programa de Pós-Graduação em Direito - Mestrado e Doutorado - da PUCRS. Professor do Programa de Pós-Graduação em Ciências Criminais da PUCRS. Desembargador aposentado do TJRS. Advogado e parecerista.

JOÃO PAULO BACHUR

Sócio de Massonetto, Horta e Bachur Advogados, professor do Insper e coordenador do doutorado e do mestrado em direito constitucional do IDP/Brasília.

LAURA SCHERTEL MENDES

Professora Adjunta de Direito Civil da Universidade de Brasília (UnB) e do Instituto Brasiliense de Direito Público (IDP). Doutora summa cum laude em Direito Privado pela Universidade Humboldt de Berlim, tendo publicado sua tese sobre proteção de dados na Alemanha. Mestre em Direito, Estado e Constituição pela Universidade de Brasília (UnB). Compõe o Conselho Diretor da Associação Luso-Alemã de Juristas (DLJV-Berlim) e do Instituto Brasileiro de Política e Direito do Consumidor (Brasilcon). Coordena o Centro de Direito, Internet e Sociedade do IDP (CEDIS/IDP). É autora do livro "Privacidade, proteção de dados e defesa do consumidor: linhas gerais de um novo direito fundamental." São Paulo: Saraiva, 2014.

LEONARDO CHAIM

Graduado em direito pela Universidade de São Paulo (USP). Advogado de Pereira Neto, Macedo Advogados.

MÔNICA FUJIMOTO

Graduada em Direito pela Universidade de São Paulo (USP) e mestra em Direito Empresarial e Econômico na Universidade de Brasília (UNB), foi Coordenadora de Análise Antitruste no Conselho Administrativo de Defesa Econômica (CADE), participando na investigação de cartéis em licitações e na negociação de acordos de leniência e de termos de cessação de conduta. Possui experiência em direito concorrencial, cível e societário, inclusive atuando em tribunais superiores.

NATALIA LANGENEGGER

Doutoranda em Direito Constitucional pela Faculdade de Direito da Universidade de São Paulo. Advogada de Pereira Neto, Macedo Advogado.

OTAVIO LUIZ RODRIGUES JÚNIOR

Advogado. Coordenador da área de Direito da Capes. Professor associado (livre-docente) em Direito Civil da Faculdade de Direito da Universidade de São Paulo (USP). Doutor em Direito Civil, com estágios pós-doutorais na Universidade de Lisboa e no Max-Planck-Institut für ausländisches und internationales Privatrecht (Hamburgo). Foi conselheiro da ANATEL e, atualmente, integra o Conselho Nacional do Ministério Público, como representante da Câmara dos Deputados.

RAFAEL VALIM

Sócio do Warde Advogados, doutor e mestre em Direito Administrativo pela PUC-SP, onde lecionou de 2015 a 2018, atualmente é professor visitante na University of Manchester (Inglaterra), na Université Le Havre Normandie (França), na Universidad Panamericana (México), na Universidad de Comahue (Argentina) e na Universidad de La Sabana (Colômbia), membro do Instituto Internacional de Derecho Administrativo, do Foro Iberoamericano de Derecho Administrativo e do Instituto Brasileiro de Direito Administrativo.

RICARDO CAMPOS

Docente na Goethe Universität Frankfurt am Main (Alemanha). Coordenador nacional de Direito Digital da OAB Federal/ESA Nacional. Diretor do Instituto Legal Grounds. Sócio do Opice Blum, Bruno e Vainzof Advogados. Vencedor do prêmio Werner Pünder (2021) com trabalho sobre regulação do espaço digital.

RICARDO DIP

Desembargador do Tribunal de Justiça de São Paulo, convocado a colaborar na Corregedoria do Conselho Nacional de Justiça. É bacharel em Direito pela Faculdade de Direito da Pontifícia Universidade Católica de São Paulo; bacharel em Jornalismo pela Faculdade de Jornalismo "Cásper Líbero", de São Paulo; mestre em Função Social do Direito, pela Faculdade Autônoma de Direito. É professor assistente na pós-graduação da Escola Paulista da Magistratura e titular da cadeira nº 12 da Academia Brasileira de Direito Registral Imobiliário – ABDRI. Membro fundador do Instituto Jurídico Interdisciplinar da Faculdade de Direito da Universidade do Porto (Portugal) e acadêmico de honra da Real de Jurisprudencia y Legislación de Madri (Espanha). Foi juiz do Tribunal de Alçada Criminal de São Paulo; presidente da Turma Especial e da Seção de Direito Público do Tribunal de Justiça paulista e secretário-geral da Escola Paulista da Magistratura. Supervisor da Biblioteca da Corte e coordenador de sua "Agenda dos 150 anos", presidiu a Comissão do 185º Concurso de Ingresso na Magistratura do Estado de São Paulo. É autor de vários livros.

RONALDO LEMOS

Professor da Universidade de Columbia. Sócio do Pereira Neto | Macedo Advogados.

CAPÍTULO I

TENDÊNCIAS CENTRALIZADORAS DE DADOS NAS SERVENTIAS DO BRASIL

Ricardo Campos
Rafael Valim

As formas de centralização social sempre foram objeto do Direito moderno, desde seu embrião no Estado contemporâneo. O pilar do constitucionalismo moderno no exemplo expresso pela divisão de poderes nada mais é do que a refutação do argumento da eficiência centralizadora (dos poderes) a favor de um mecanismo institucional de coordenação descentralizada de poderes estatais na forma constitucional, visando à proteção de direitos do indivíduo [1]. Na sociedade de dados atual, as mesmas tendências centralizadoras (e seus perigos) ressurgem, com novas vestimentas, exigindo do Direito uma resposta adequada para a proteção do indivíduo. Dois importantes exemplos de centralização e intermediação centralizadora de dados podem ser encontradas no atual sistema registral brasileiro. O primeiro, com a criação do Sistema Nacional de Informações de Registro Civil (Sirc); o segundo, com as centrais cartorárias e o Operador Nacional do Serviço Eletrônico de Imóveis (ONR), este último recentemente denunciado à Autoridade Nacional de Proteção de Dados (ANPD) pela Associação dos Titulares de Cartórios do Brasil.

Antes de adentrar nos perigos e nas violações concretas, faz-se necessário percorrer, de forma breve, o recente surgimento da tradição da proteção de dados para delimitar com maior precisão os tipos de centralização atuais nos serviços de serventias e seus perigos. A proteção de dados, ou privacidade, na semântica anglo-saxã, sempre esteve ligada à complexidade de uma determinada técnica cultural em produzir, armazenar e transferir dados. Nesse sentido, a privacidade, ou sua semântica europeia da proteção de dados [2], poderia ser descrita como um tipo de coevolução de técnicas culturais ou tecnologias e sua correlata necessidade de adaptação da proteção do indivíduo em novos contextos tecnológicos. Assim a privacidade inicia-se com a popularização da técnica cultural da comunicação por cartas nos séculos 17 e 18 e o necessário redesenho da relação entre público e privado ganhando porém novos contornos no século 19 com a invenção da máquina polaroide, tecnologia de pano de fundo (pouco tematizada) do célebre artigo de Warren e Brandeis sobre o surgimento do direito à privacidade [3].

Os dois momentos iniciais da privacidade centrados nas técnicas culturais, cartas e máquina polaroide diferem, entretanto, dos dois momentos seguintes da privacidade. Proteção de dados enquanto semântica jurídica moderna somente surge com a invenção da tecnologia de computadores interligada a uma dimensão organizacional burocrática [4]. A primeira lei de Hessen emerge justamente em decorrência da política pública da construção de novos hospitais na década de 60 na Alemanha, visando a uma maior racionalização da dimensão burocrática das estruturas hospitalares, valendo-se, assim, de computadores para armazenar dados [5]. Também a celebre decisão de 1983 do Tribunal Constitucional Alemão se situa no regime da junção da dimensão organizacional — aqui necessariamente estatal — com o uso de computadores para armazenamento e transferencia de dados.

Um quarto e atual momento da proteção de dados pode ser identificado pela migração do problema unicamente centrado até então na dimensão organizacional estatal para construções institucionais híbridas ou puramente privadas das sociedade das plataformas e suas novas tecnologias de armazenamento, tratamento e uso de inteligência artificial [6]. Nesse contexto, a atual centralização de dados do regime registral brasileiro pode ser claramente subsumido aos dois últimos momentos. Enquanto o exemplo do Sirc refere-se à centralização de dados na dimensão burocrática do Estado e suas tecnologias computacionais, o exemplo das centrais cartorárias e do ONR apresentam uma característica distinta de um arranjo institucional híbrido criador de uma intermediação centralizadora de dados, que inexoravelmente leva a um desvirtuamento do regime público registral por uma progressiva privatização do regime em questão. Ambas trazem consigo riscos e violações inerentes à proteção de dados e à garantias dos indivíduos.

O primeiro caso de centralização de dados de serventias encontra-se no Sistema Nacional de Informações de Registro Civil (Sirc), criado pelo Decreto 8.270/2014 com o objetivo de coletar e compartilhar dados cadastrais entre certos órgãos públicos, inclusive o INSS e o IBGE (hoje objeto de quatro ADIs) [7]. Em 2019, com alterações no artigo 68 da Lei nº 8.212/1991, as serventias foram obrigadas a ampliar os dados transferidos, registros de óbitos, abrangendo também os registros de nascimentos, natimortos, casamentos, averbações, anotações e retificações, com a possibilidade de compartilhamento forçado de dados pessoais sensíveis, como a averbação de nome de pessoas transgêneras. A sua administração fica à cargo de um comitê gestor interministerial, que acessa o banco de dados sem a necessidade de apresentação de pedido fundamentado. O dever imposto de transferência dos dados para entidade terceira vai além do que prevê a Lei Geral de Proteção de Dados Pessoais, que dispõe apenas a respeito do fornecimento de acesso, para a Administração Pública, dos dados tratados (artigo 23, §5º). Aqui vislumbra-se justamente o que o mito fundacional da proteção de dados moderna com a decisão do censo de 1983 do Tribunal Constitucional Alemão visou a combater: o perigo do Estado como unidade informacional [8].

Já o segundo caso possui uma característica que o torna peculiar: enquanto o Sirc expressa o clássico perigo à proteção de dados pela centralização na estrutura burocrática estatal de uma massa incomensurável de dados, as centrais incorporam em si um arranjo institucional híbrido de uma estranha intermediação privada de dados públicos trazendo consigo diversos riscos e violação concretas à proteção de dados. Primeiramente, sobre as centrais cartorárias: elas realizam a oferta de serviços registrais e notariais por via eletrônica, ao conectar cartórios e usuários (titulares dos dados), mediante remuneração, tendo uma natureza jurídica de Direito Privado e não decorrente do regime de Direito Administrativo nacional das serventias. A legitimidade para essa intermediação e centralização privada de dados coletados originalmente a partir do regime público-administrativo de serventias decorreu de atos administrativos (das corregedorias dos tribunais e da Corregedoria Nacional de Justiça do CNJ), e não da legislação ordinária, o que levanta sérias questões sobre a relação entre principio da legalidade, proteção de dados e normas legitimadores para coleta de dados. Nesse contexto, cabe salientar que o Sistema de Registro Eletrônico instituído pela Lei nº 11.977/2009 não previa a criação de centrais intermediadoras para a prestação eletrônica dos serviços registrais e cartorários, senão que apenas estabelecia que os serviços registrais disponibilizariam, de forma paulatina e gradual, *serviços de recepção de títulos e de fornecimento de informações e certidões em meio eletrônico* (artigo 37).

O fomento por atos infralegais (portarias administrativas) da intermediação centralizadora e privatização progressiva da prestação do serviço registral ao usuário contraria o marco legal brasileiro da proteção de dados. Primeiramente, a LGPD impõe aos serviços notariais e de registro as mesmas obrigações estabelecidas às pessoas jurídicas de Direito Público (artigo 23, §4º, LGPD) [9].

A transferência de dados coletados por notários e registradores no estrito exercício da delegação *intuitu personae* de matriz constitucional (artigo 236 CF) para entidades privadas cria também um embaraço dogmático do ponto de vista de responsabilidade por incidentes, pois o controlador da operação enquadrado nos termos definidos pela LGPD não é o mesmo que o controlador definido pelos provimentos e pela legislação que criam centrais e figuras como o ONR. Outro aspecto que chama atenção, encontra-se na escolha do sistema informativo (*software*) para integração do sistema. Não há participação direta dos responsáveis pela coleta dos dados públicos, as serventias, no processo de escolha e delimitação dos parâmetros de segurança da informação de utilização privada pelas centrais. E por fim, focar na estratégia da centralização vai na contramão da proteção de dados moderna, que visa justamente a evitar aglutinações de dados em pontos focais únicos sempre suscetíveis a incidentes e vazamentos expondo e violando no final direitos dos usuários.

O canto da sereia da eficiência baseada na centralização, refutada pelo constitucionalismo moderno na aquisição evolutiva da divisão de poderes, deveria servir de horizonte normativo ao regime jurídico da proteção de dados aplicado às serventias. Nesse sentido, atos infralegais (portarias administrativas) e estatutos legais deveriam voltar-se mais à preservação do regime constitucional descentralizado da delegação *intuitu personae*, fomentando a utilização de novas tecnologias de interoperabilidade e afins para uma modernização e digitalização dos serviços cartorários condizente com os ditames do direito da proteção de dados moderno e a proteção do indivíduo.

[1] Christoph Möllers, *Die drei Gewalten. Legitimation der Gewaltengliederung in Verfassungsstaat, Europäischer Integration und Internationalisierung,* Weilerswist, Velbrück, 2008, p. 43 ss.

[2] Ingo Sarlet diferencia entre privacidade e proteção de dados a partir de uma distinção entre estática e dinâmica: enquanto

a privacidade indicaria uma visão negativa e estática pautada na concepção de impossibilidade de interferência de terceiros, a proteção de dados estaria ligada à poderes positivos e dinâmicos. Para nós entretanto, partindo de uma visão do direito comparado, a diferença entre privacidade e proteção de dados trata-se apenas de uma clivagem semântica de duas distintas tradições do direito, uma europeia (proteção de dados) e outra anglo-saxã (privacidade). SARLET, Ingo Wolfgang. Fundamentos Constitucionais: o direito Fundamental à proteção de dados. *In*: Laura Schertel (coord.) et al. Tratado de Proteção de Dados Pessoais. Rio de Janeiro: Forense, 2021, p. 49 – 51.

[3] Sobre os quatro momentos da privacidade, ver prefácio de Ricardo Campos em Carissa Veliz, *Privacidade é Poder*: por que e como você deveria retomar o controle de seus dados. Contracorrente, Sao Paulo 2021, p. 13-20.

[4] Ver a questão central em Alan Westin dos bancos de dados estatais e de outras organizações, as quais pressupõem justamente a tecnologia de computadores e a dimensão da organização. A. WESTIN, e M. Backer, Databanks in a free Society (1972): *"facts about the actual effects that computers, communications, and allied information technologies have had on creating, sharing, and using files on individuals"*. Nesse contexto, Jürgen Ostermann argumenta que a proteção de dados no sentido moderno só surgiu após a invenção da tecnologia de banco de dados, Datenschutz, in: Jeserich, Pohl, von Unruh (Hrsg.) Deutsche Verwaltungsgeschichte, Köln 1987, p. 1112 (1115).

[5] Ver entrevista de Spiros Simitis, concedida à revista *Forschung Frankfurt*: *Das Wissenschaftsmagazin der Goethe-Universität*, vol. 1/2015, disponível em www.forschung-frankfurt.uni-frankfurt.de

[6] Nesse contexto é interessante observar a inflação recente da utilização do conceito de vigilância para sociedade privada e não unicamente centrada no Estado como nos modelos de George

Orwell1e nos contornos dogmáticos conferidos pela decisão do censo de 1983.

[7] ADI 5.771, de autoria do Ministério Público Federal,ADI 5.787 do Partido dos Trabalhadores, ADI 5.883, do Instituto dos Arquitetos doBrasil e ADI 6.787, do Partido Socialismo e Liberdade.

[8] Erhard Denninger, *Das Recht auf informationelle Selbstbestimmung und Innere Sicherheit: Folgerungen aus dem Volkszählungsgesetzurteil des Bundesverfassungsgerichts*, em: *Kritische Justiz Vol. 18*, No. 3 (1985), p. 215-244, p. 222 *„Es zwingt Gesetzgeber und Verwaltung, von einer mißverstandenen Vorstellung von der »Einheit der Staatsgewalt« endgültig Abschied zu nehmen, von der Vorstellung nämlich, nach der das Wissen einer bestimmten Behörde"*.

[9] Sobre o tratamento de dados pelo poder público ver Wimmer, Miriam. O regime do tratamento de dados pessoais pelo poder público. In: Bioni etal (Coords.) Tratado de Proteção de Dados Pessoais. Rio de Janeiro: Forense, 2021, p. 280.

CAPÍTULO II

DEGENERAÇÃO DO REGIME JURÍDICO DAS SERVENTIAS E DA PROTEÇÃO DE DADOS PELO SERP

Ricardo Campos

Pode-se dizer que a história de sucesso das democracias modernas reside em larga medida na forma como os conceitos e institutos do direito criam mecanismos de fomento à descentralização do poder estatal e social, evitando assim violações a direitos e garantias fundamentais.[2] Com o advento da sociedade de dados, essa função primordial do direito moderno torna-se ainda mais central para a salvaguarda de liberdades. Atualmente, diversos exemplos de iniciativas legislativas e executivas chamam a atenção para o perigo inerente da demasiada centralização de dados pessoais com decorrente concentração de poder informacional.

Um claro exemplo desse desenvolvimento pode ser visto em casos como o do decreto presidencial 10.046/2019 (que cria o "Cadastro Base do Cidadão") hoje pendente de julgamento no STF na ADI 695, e, recentemente, de forma ainda mias nítida, com a Medida Provisória nº 1.085/2021. Editada no apagar das luzes de 2021, a

MP institui a figura do Sistema Eletrônico dos Registros Públicos (Serp), visando simplificar e modernizar os procedimentos relativos aos registros públicos de atos e negócios jurídicos e de incorporações imobiliárias (artigo 1). Os sedutores objetivos da simplificação e modernização do regime de serventias escondem, entretanto, por um lado, uma profunda dissintonia com os parâmetros modernos da proteção de dados pessoais, e por outro, instaura um processo de degeneração das funções essenciais do regime jurídico do registrador com incalculáveis implicações na vida da população.

O Serp pode ser resumido como uma tentativa de reorganização do regime de serventias brasileiro por meio de medida provisória, ou seja, sem um vasto debate democrático, estudos de impacto e análise de alternativas. Isso, por si só, já enseja questionamentos sobre a viabilidade jurídico-política da empreitada. A adesão dos oficiais dos registros públicos ao novo sistema é compulsória (artigo 4º, §1º da MP), sob pena de responsabilização nos parâmetros postos pelo artigo 32 da Lei nº 8.935/94, nos termos estabelecidos pela Corregedoria do CNJ (artigo 4º, §2º). Ademais, o Serp terá uma entidade registradora, sob a forma de pessoa jurídica de direito privado (artigo 3º, §4º), distanciando-se assim do regime de serventias instituído pelo ordenamento jurídico brasileiro, que consiste do exercício da delegação *intuitu personae* de matriz constitucional (nos termos do artigo 236 da Constituição). Várias outras figuras inusitadas para o regime de serventias brasileiro surgem no escopo da referida MP, como a possibilidade de uso de extrato eletrônico para a elaboração dos títulos extrajudiciais e a flexibilização nos critérios para a aceitabilidade de assinaturas digitais.

Para além do desvirtuamento do regime administrativo de serventias por medida provisória, um real risco reside no descompasso da referida medida provisória com a tradição moderna da proteção de dados pessoais. Se olharmos para o surgimento, por exemplo, do direito à autodeterminação informativa — que foi incorporada *ipsis litteris* pela Lei Geral de Proteção de Dados brasileira em seu artigo 2º, II — nos moldes postos pela decisão do censo alemão de

1983, e reconhecida no julgamento pelo STF Medida Provisória 954 em 2020 no preclaro caso "IBGE", constatamos como pano de fundo dois temas principais na decisão. O primeiro tema girava em torno da transferência de dados entre órgãos da administração pública (prevista na seção 9, I, da lei do censo alemã de 1983). O segundo dizia respeito ao perigo decorrente dessa transferência, que pavimentaria um temerário caminho para a construção de abrangentes bancos de dados[3]. Vale lembrar que também o debate sobre privacidade e proteção de dados nos EUA, com o insigne livro de Alan Westin, tinham como pano de fundo precisamente a transferência e formação de banco de dados.[4]

Em passagem simbólica do importante julgado alemão, o tribunal constitucional alemão afirma de forma enfática: "(...) um registro abrangente e catalogação da personalidade através da combinação de dados da vida individual para criar perfis de personalidade dos cidadãos é inadmissível (...)."[5] Nesse ponto, as consequências da centralização pela transferencia de dados para a violação de garantias e liberdades revela-se na nítida possibilidade de formação de perfis completos de indivíduos.[6] O Serp — com a criação da entidade registral, a obrigatoriedade de adesão e o vasto fluxo de transferência de dados para um único ponto nodal – traz consigo o perigo identificado pelo Tribunal Constitucional alemão de forma potencializada, uma vez que dados das mais diversas proveniências — cadastrais, financeiros e até mesmo biométricos — passam a integrar um sistema unitário.

Além disso, em que pese a MP disponha que um dos objetivos do Serp é a "a interoperabilidade das bases de dados entre as serventias dos registros públicos e entre as serventias dos registros públicos" e o próprio órgão (artigo 3º, III), o que se verifica, na prática, é a centralização desses dados nas mãos da entidade registral instituída pelo Serp, nos termos do artigo 3º, §4º. Não bastasse o instrumento normativo privilegiar a centralização em detrimento do incentivo à interoperabilidade das bases de dados, uma medida eventualmente menos gravosa para direitos fundamentais dos titulares, a própria iniciativa de centralização carrega consigo danos potenciais sob o ponto de vista de segurança dos dados. No contexto ainda do surgimento do direito fundamental da autodeterminação informacional, o instituto da separação informacional de poderes surge como forma de expressão da necessidade de descentralização do poder informacional [8].

Sob a óptica da MP, a centralização parece representar verdadeira *conditio sine qua non* para a modernização e digitalização dos serviços notariais. Cumpre salientar, porém, que o movimento em torno da mudança do suporte físico (papel) para o eletrônico (digital) é dever dos próprios notários e registradores, que devem o encartar nos misteres e regulações próprias [9]. Se o objetivo é modernizar, não há necessidade de ferir preceitos constitucionais, pois os serviços extrajudiciais já se mobilizaram e criaram plataformas tecnológicas que atendem o cidadão à distância, sem remodelar a estrutura notário-registral. Plataformas como o e-Notariado (dos notários), Cenprot (de protestos), entre outras permitem enxergar como o argumento de necessidade de aprimoramento e modernização mediante centralização é falacioso.

Outro ponto central levantado pelo tribunal constitucional alemão na década de 1980 pode ser depreendido no âmbito da centralização de dados nos moldes do Serp: a utilização de dados de outras proveniências para a execução de atividades administrativas, fundamentada na (suposta) persecução do interesse público. Como a Corte bem assinala em importante trecho da decisão, "(...) o compartilhamento de dados colhidos para fins estatísticos (...) tratados para fins de execução administrativa pode interferir de forma inadmissível no direito à autodeterminação informativa". [10] Também com o Serp vislumbra-se o mesmo perigo, com, por exemplo, o intercâmbio de documentos eletrônicos e de informações entre as serventias dos registros públicos e usuários de serviços de registros públicos em geral (inclusive instituições financeiras e demais instituições autorizadas a funcionar pelo Banco Central), como disposto no artigo 3º, VII. Esse seria um perigo concreto de violação da autodeterminação informativa com graves repercussões para garantias individuais.

Neste ponto, não se pode olvidar que, embora o tratamento de dados pessoais seja imprescindível para que a administração pública cumpra com inúmeras de suas funções, é necessário assegurar que a atuação do Poder Público equilibre de maneira satisfatória os princípios administrativos (como eficiência, publicidade, interesse público) com aqueles dispostos nas legislações de proteção de dados pessoais[11]. Ademais, como a utilização da base de dados do Serp será empregada para atingimento de finalidades precipuamente privadas, como consulta de registros de indisponibilidade de bens móveis e imóveis (artigo 3º, inciso X, b) e de protestos de títulos (artigo 3º, inc. X, c), afasta-se, com ainda maior veemência, o argumento de persecução de interesses públicos legítimos. Da maneira como é instituído pela MP 1085/2021, o Serp representa uma potencial e significativa violação às disposições do regime de proteção de dados pessoais brasileiro. Não apenas por não definir as finalidades específicas de execução de políticas públicas que dariam ensejo ao uso compartilhado de dados pelo Poder Público (como determina o caput do artigo 26 da LGPD), mas também por ignorar a vedação de transferência a entidades privadas de dados pessoais constantes de bases do Poder Público (artigo 26, §1º), bem como diversos princípios de proteção de dados, como finalidade, adequação, necessidade, minimização e segurança.

Além das preocupações no âmbito do direito à proteção de dados pessoais, a MP traz implicações de natureza administrativa. Dentre as suas disposições, causa especial inquietação a própria natureza jurídica do órgão gestor do Serp (artigo 4º, §2º), a criação dos extratos eletrônicos para registro ou averbação de fatos, atos e negócios jurídicos, o que coloca em risco a fé pública do ato registral, e a flexibilização do modelo de assinatura de documentos eletrônicos.

Sob o primeiro aspecto, a estrutura do Serp colide com os delineamentos dados pela Constituição Federal aos serviços notariais e de registro. Com efeito, a delegação destes serviços somente pode recair sobre pessoa natural, e não sobre pessoa jurídica. Para se tornar delegatária do poder público, tal pessoa natural é habilitada em concurso público de provas e títulos e somente ela pode realizar formalizar atos de criação, preservação, modificação, transformação e extinção de direitos e obrigações. Ademais, cuida-se ainda de atividades estatais cujo exercício privado está sob a exclusiva fiscalização do Poder Judiciário, e não sob órgão ou entidade do Poder Executivo [12].

Sob o segundo aspecto, o notário tem, dentre suas atribuições, a autenticação e a certificação de fatos por ele verificados, atribuindo-lhes caráter de instrumento público dotado de fé pública. Para o exercício desse múnus, é fundamental que o serventuário tenha acesso à integra dos documentos que dão suporte ao ato notarial e registral, sob pena de ser fragilizado justamente o objetivo de garantir a segurança jurídica aos negócios entabulados entre as partes e o exercício do controle de legalidade preventivo. Fundar a elaboração de títulos exclusivamente em extratos eletrônicos sem a devida independência com a presença de um terceiro desinteressado no processo certamente criará insegurança jurídica e ampliará a possibilidade de fraudes, com repercussões futuras ainda incalculáveis sobre o lastro do mercado imobiliário brasileiro.

Por fim, nos termos da MP (artigos 11 e 38), o envio de informações aos registros públicos, quando realizado pela internet, poderá ser assinado com o uso de assinatura avançada, que não observa o padrão ICP-Brasil. Trata-se de assinatura lastreada em uma hierarquia de chaves privada, ou seja, empresas privadas (inclusive instituições financeiras) fornecerão o serviço de assinatura, de modo que o serventuário não disporá de segurança suficiente para atestar sua veracidade e autenticidade, ampliando o risco de responsabilização a que está sujeito.

Em face do contexto aqui exposto, fica claro como um movimento de reorganização de regimes jurídicos complexos como os das serventias (que cumprem um papel social relevante ao conferir status jurídico a atos e procedimentos dentro de uma cadeia infindável de atos jurídicos da população como um todo) não pode ser levado a cabo à revelia de um debate profundo e participação ampla da sociedade. Levar adiante a MP nº 1.085/2021 nos moldes atuais significaria comprar às cegas um novo regime pouco maduro e com diversos perigos e repercussões concretas de violação de direito e garantias do indivíduo e à ordem constitucional.

[2] Christoph Möllers, Die drei Gewalten. Legitimation der Gewaltengliederung in Verfassungsstaat, Europäischer Integration und Internationalisierung, Weilerswist, Velbrück, 2008, p. 43 ss.

[3] Gert Hornung, Zwei runde Geburtstage: Das Recht auf informationelle Selbstbestimmung und das WWW, em: MMR 2004, p. 3

[4] Alan F. Westin, Michael A. Baker, Databanks in a Free Society: Computers, Record Keeping and Privacy, Times Books 1972. Jürgen Ostermann argumenta que a proteção de dados no sentido moderno só surgiu após a invenção da tecnologia de banco de dados, Datenschutz, em: Jeserich, Pohl, von Unruh (Orgs.) Deutsche Verwaltungsgeschichte, Colonia 1987, p. 1112 (1115).

[5] BVerfG, Urteil des Ersten Senats vom 15. Dezember 1983 - 1 BvR 209/83 -, notas marginais de (1-215), aqui nota marginal 169.

[6] Rupert Scholz, Rainer Pitschas, Informationelle Selbstbestimmung und staatliche Informationsverantwortung, Schriften zum Öffentlichen Recht, 1984, p. 28 ss.

[7] Sobre o contexto alemão, ver Erhard Denninger, Das Recht auf informationelle Selbstbestimmung und Innere Sicherheit: Folgerungen aus dem Volkszählungsgesetzurteil des Bundesverfassungsgerichts, em: Kritische Justiz Vol. 18, No. 3 (1985), p. 215-244, p. 222 «Es zwingt Gesetzgeber und Verwaltung, von einer mißverstandenen Vorstellung von der "Einheit der Staatsgewalt" endgültig Abschied

zu nehmen, von der Vorstellung nämlich, nach der das Wissen einer bestimmten Behörde".

[8] "Vista desta perspectiva, a suposta fraqueza da fragmentação federal e setorial torna-se a força real da do regime de registros: determinados dados básicos são sincronizados para garantir a alta qualidade dos dados nos registros, mas todos os outros dados não são centralizados, mas continuam a ser mantidos em registros distribuídos, de modo que também não haja um ponto central de ataque. Ao mesmo tempo, isto leva em conta o princípio constitucional da separação informacional dos poderes." (Tradução livre RC) Enriko Peuker, Registermodernisierung und Datenschutz, NVwZ 2021, p. 1171

[9] Essa obrigação está na redação original do art. 38, § único da Lei 11.977/2009 que instituiu o Sistema de Registro Eletrônico. Com a edição da MP 1.085, a obrigação passou a ser prevista no § 1º do mesmo artigo 38.

[10] BVerfG, Urteil des Ersten Senats vom 15. Dezember 1983 - 1 BvR 209/83 -, notas marginais de (1-215), aqui nota marginal 164.

[11] WIMMER, Miriam. *O regime jurídico do tratamento de dados pessoais pelo Poder Público* in MENDES, LAURA S.; DONEDA, Danilo; SARLET, Ingo Wolfgang; RODRIGUES JR., Otavio Luiz (org). *Tratado de proteção de dados pessoais*, Rio de Janeiro: Forense, 2021, p. 279.

[12] Cf. ADI 2.415, rel. min. Ayres Britto, j. 10-11-2011, P, DJE de 9-2-2012.

CAPÍTULO III

CNJ E A CONTRUÇÃO DA CONFIANÇA DIGITAL

Ricardo Campos

A experiência estrangeira traz ensinamentos sobre os aspectos abertos a regulamentação pela recente Lei nº 14.382, que estabelece novas regras para o registro de títulos em cartórios. A legislação nacional institui uma apressada reestruturação do complexo regime registral e notarial brasileiro, introduzindo mudanças possivelmente incompatíveis com as disposições constitucionais e legais estabelecidas para esse regime.

Um exemplo é a criação do sistema eletrônico centralizado dos registros (denominado “Serp”), com vistas à suposta modernização dos procedimentos relativos aos registros públicos de atos e negócios jurídicos e de incorporações imobiliárias. Suposta, pois, embora o governo federal reclame para si a iniciativa de modernização, a digitalização dos serviços notarias no país não é novidade.

Assinaturas eletrônicas têm sido cada vez mais usadas, processo que foi acelerado nos últimos anos com a pandemia.

No afã de simplificar a atividade registral, a referida lei pode pavimentar o caminho para uma fragilização da fé pública e de sua função estruturante da confiabilidade das relações socioeconômicas. É o que acontece com a flexibilização do rigor quanto ao uso de assinaturas eletrônicas e a possibilidade de realização de registros por uma das partes interessadas a partir de extratos eletrônicos (figura estranha ao rol taxativo de títulos admitidos a registro nos termos da Lei de Registros Públicos) e não do título em si.

Nesses casos, há impactos não só sobre a segurança das operações em si, mas também sobre o regime de responsabilidade das próprias serventias, pois o serventuário não disporá de garantias suficientes para atestar a veracidade e autenticidade do título. Em relação a esses dois pontos - a admissibilidade do uso de assinatura avançada em vez de assinatura qualificada para o envio de informações aos registros públicos e a introdução do sistema de extratos eletrônicos – há bastante para aprender tanto com acertos quanto com erros da experiência internacional.

Para diversos atos jurídicos, a opção pela assinatura manuscrita é uma escolha cujo propósito é garantir a legitimidade da manifestação de vontade da parte. Felizmente, essa ideia tem sido superada. Assinaturas eletrônicas têm sido cada vez mais utilizadas - processo acelerado nos últimos anos com a pandemia. Numa multiplicidade de países, porém, determinados negócios jurídicos só são considerados juridicamente vinculantes se assinaturas eletrônicas qualificadas - aquelas que utilizam certificados digitais devidamente reconhecidos - forem usadas. Por vezes, o impedimento para que um negócio seja assinado eletronicamente baseia-se em exigências formais (legais).

No direito alemão, essas exigências se aplicam a rescisões de contratos de trabalho, casamentos, testamentos e transferências de imóveis. Na França, documentos relativos a bens imóveis devem ser assinados à mão, ou, nas hipóteses em que podem ser assinados eletronicamente, devem ser registrados no service de la publicité. No Reino Unido, o HM Land Registry tem estudado a realização de negócios imobiliários assinados eletronicamente com assinaturas qualificadas. Em Portugal, aprovou-se recentemente uma lei que permite aos tabeliães realizar certos atos em meios eletrônicos, abrindo caminho para o uso da assinatura eletrônica em negócios imobiliários. Bons exemplos, em termos de confiabilidade das relações.

Por outro lado, como dito alhures, podemos também aprender com erros: é imperioso reparar que as alterações empreendidas pela nova lei ressoam o modelo do Mortgage Electronic Registration System (MERS). Trata-se de sistema de registro eletrônico de hipotecas que, de certa forma, possibilitou a explosão da bolha imobiliária nos EUA em 2008 com repercussão sistêmica pelo mundo. O MERS é um exemplo da disseminação de "registros fictícios", a cargo de instituições financeiras, que possibilitou cessões massivas de créditos hipotecários sem que o novo credor passasse a constar no registro público. Esse tipo de procedimento desconectou os registros públicos dos verdadeiros titulares dos créditos garantidos por hipotecas, facilitando a explosão de uma prática de empréstimos predatórios, bem como a sua revenda e a securitização fraudulenta.

Vale ressaltar que o sistema de registros dos EUA já se revelava inseguro mesmo antes dos registros eletrônicos, por razões como o fato de basear-se no registro de documentos, não de direitos. A crise das execuções hipotecárias "apenas" tornou evidente as fragilidades do sistema e deixou claro que a confiabilidade de determinadas relações econômicas, como as imobiliárias, é imprescindível e deve ser preservada para o bom funcionamento da sociedade como um todo. Cabe ressaltar que os maiores afetados, no caso americano, foram pessoas de baixa renda e a classe média em seu núcleo mais seguro e sensível que é a própria morada.

Justamente por isso o papel que caberá à Corregedoria Nacional de Justiça do CNJ ao regulamentar o Serp no que tange às hipóteses de uso de assinatura eletrônica em atos que envolvam bens imóveis dentro do escopo da Lei nº 14.382/2022 será desafiador e central para sociedade. Em suma, essa tarefa consistirá em escolher qual caminho o Brasil trilhará: de um lado um caminho seguro, no qual o CNJ estabelecerá os fundamentos para a construção da confiabilidade digital das relações socioeconômicas no que tange a direitos reais e suas mutações dentro do mercado imobiliário, ou, de outro lado, um caminho tortuoso, incerto e pouco confiável de fomento à monetização da especulação em detrimento a confiança das relações reais com sérias repercussões, especialmente, para o cidadão comum.

CAPÍTULO IV

EU ME DECLARO SERVIÇO SOCIAL AUTÔNOMO! (O ESTRANHO CASO DO ONR)

Rafael Valim

A organização administrativa, embora ocupe um lugar central no Direito Administrativo[1], raramente desperta a atenção dos estudiosos. No Brasil e alhures é vista, na maioria das vezes, como um tema menor, árido e de natureza meramente descritiva.

Trata-se, evidentemente, de um enorme equívoco, cujas consequências práticas são desastrosas. A escolha de um figurino organizativo determina o regime jurídico da pessoa criada, o que compreende aspectos relativos a controle, responsabilidade, eficácia dos atos e contratos, prerrogativas, bens, pessoal e procedimentos financeiros.

Ao legislador e muito menos ao administrador público é dado eleger livremente, segundo seus humores, a modalidade organizativa

---

1 SCHMIDT-ASSMANN, Eberhard. *La teoria general del Derecho Administrativo como sistema*. Madri: Marcial Pons, 2003, p. 251.

de determinada atividade administrativa. Impõe-se um juízo de adequação, ou seja, uma correspondência entre o meio e a finalidade a ser alcançada.

No Brasil, desgraçadamente, há uma histórica tendência de fuga do regime publicístico mediantes contrafações administrativas, as quais, na correta afirmação de Ricardo Marcondes Martins, têm "*por efeito mascarar, disfarçar, esconder o conceito de fato aplicável, ou seja, o correto regime jurídico incidente. Enfatiza-se: a invocação do conceito incorreto, e do regime a ele associado, tem o efeito de camuflar o conceito correto e seu regime correto de lado. A contrafação importa, portanto, numa fraude*»[2].

Os serviços sociais autônomos, ilustres desconhecidos do Direito Administrativo brasileiro, constituem uma das modalidades preferidas de fraude ao regime jurídico-administrativo. Mas qual é a razão que leva a tal preferência?

A resposta é simples: são pessoas de direito privado criadas por lei e que não integram a Administração Pública, dotadas de autonomia administrativa e limitadas, formalmente, apenas ao controle finalístico, pelo Tribunal de Contas, de aplicação das dotações orçamentárias ou das contribuições parafiscais que recebe[3]. Disso resulta, por exemplo, que tais entidades podem editar suas próprias normas de contratação de terceiros e de seleção de pessoal.

As sucessivas ondas de criação de serviços sociais autônomos em desacordo com a ordem jurídica mereceram a seguinte observação da professora Maria Sylvia Zanella Di Pietro: "*Tais entidades, embora criadas com a denominação de serviço social autônomo, fogem inteiramente às características dos modelos*

---

2 MARCONDES MARTINS, Ricardo. Teoria das contrafações administrativas. A&C – *R. de Dir. Administrativo & Constitucional*. Belo Horizonte, ano 16, n. 64, p. 115-148.

3 BRASIL, STF, RE 789874, Relator: Ministro Teori Zavascki, Tribunal Pleno, julgado em 17/9/2014.

anteriores. É como se a simples denominação fosse suficiente para definir a natureza da pessoa jurídica. O real objetivo foi o de fugir ao regime jurídico próprio das entidades da Administração Pública indireta"[4].

Quando, porém, parecia que a febre dos serviços sociais autônomos havia arrefecido, eis que surge uma insólita figura decorrente da Lei nº 13.465/2017: o "serviço social autônomo" por mera declaração de vontade privada! Em outras palavras: esqueçam o antiquado princípio da legalidade, agora qualquer pessoa jurídica de direito privados sem fins lucrativos pode se declarar "serviço social autônomo" e atrair o seu regime jurídico.

Com isso arruinou-se a única certeza que havia em torno dos serviços sociais autônomos, qual seja: a sua criação por força de lei em sentido formal.

Embora isso possa parecer absolutamente extravagante, foi exatamente o que os instituidores do Operador Nacional do Sistema de Registro Eletrônico (ONR), cuja finalidade é implementar e operar, em âmbito nacional, o Sistema de Registro Eletrônico de Imóveis (SREI), fizeram no dia 10 de março deste ano, ao aprovar o estatuto da entidade.

Com efeito, o artigo 76, §2º, da Lei nº 13.465/2017 prescreve que "*o ONR será organizado como pessoa jurídica de direito privado, sem fins lucrativos*".

Já o artigo 1º do Estatuto do ONR estabelece o seguinte: "*O OPERADOR NACIONAL DO SISTEMA DE REGISTRO ELETRÔNICO DE IMÓVEIS (ONR), também identificado pela sigla ONR, é uma pessoa jurídica de direito privado, sem fins lucrativos, sob a forma de serviço social autônomo, instituída nos termos do art. 76, da Lei nº 13.465, de 11 de julho de 2017*".

---

4 DI PIETRO, Maria Sylvia Zanella. *Direito Administrativo*, 29ª ed. São Paulo: Atlas, 2016, p. 610.

Vê-se, pois, que uma norma estatutária pretende converter uma pessoa jurídica de direito privado em serviço social autônomo. É a quintessência da ilegalidade, cuja obviedade nos faz cogitar em um possível equívoco redacional. De todo modo, é urgente a supressão do aludido trecho do artigo 1º do estatuto do ONR que sugere a forma de serviço social autônomo, a fim de que se reintegre a ordem jurídica.

REFERÊNCIAS BIBLIOGRÁFICAS

BRASIL. Supremo Tribunal Federal, RE 789874, Relator: Ministro Teori Zavascki, Tribunal Pleno, julgado em 17/9/2014.

DI PIETRO, Maria Sylvia Zanella. *Direito Administrativo*, 29ª ed. São Paulo: Atlas, 2016, p. 610.

MARCONDES MARTINS, Ricardo. Teoria das contrafações administrativas. A&C – R. de Dir. Administrativo & Constitucional. Belo Horizonte, ano 16, n. 64, p. 115-148.

SCHMIDT-ASSMANN, Eberhard. *La teoria general del Derecho Administrativo como sistema*. Madri: Marcial Pons, 2003, p. 251.

CAPÍTULO V

A RECEITA FEDERAL E OS CARTÓRIOS, UMA RELAÇÃO SEM INTERMEDIÁRIOS

Rafael Valim

No último dia 9, a corregedora nacional de Justiça, ministra Maria Thereza de Assis Moura, acertadamente suspendeu, com fulcro na Lei Geral de Proteção de Dados (LGPD), a transmissão de dados dos registradores para a Receita Federal por meio das chamadas "centrais de serviços compartilhados", as quais são controladas por associações dos registradores e notários.

Nas palavras da corregedora, mantém-se *"o envio de informações diretamente pelas unidades de serviço de registro de imóveis à Secretaria da Receita Federal do Brasil (Sinter), como tem sido feito"*.

Estranhamente, porém, a aludida decisão não agradou à Receita Federal, como nos revela uma nota pública subscrita pelo auditor-fiscal e coordenador-geral de Gestão de Cadastros e Benefícios Fiscais, Reriton Weldert Gomes, na qual consta que *"o modelo de envio de dados através das centrais facilitará a implementação dos sistemas informatizados nas serventias e viabilizará a integração nacional ao Sinter, de forma rápida, segura e eficiente".*

O problema é que o modelo defendido pela Receita Federal é francamente ilegal, além de se mostrarem absolutamente improcedentes as alegadas razões de eficiência que o sustentam.

Basta ver que a Receita Federal recebe uma quantidade colossal de dados pessoais, sempre diretamente, de pessoas físicas e jurídicas. A título exemplificativo, em 2017, foram emitidas mais de 15 bilhões de notas fiscais eletrônicas, mais de 24 milhões de escriturações foram enviadas e mais de dois milhões de trabalhadores foram cadastrados[1]. Em 2019, mais de 30 milhões de declarações de imposto de renda de pessoas físicas foram recebidas pela Receita Federal[2].

Do ponto de vista jurídico, não há qualquer dúvida de que a ordem jurídica brasileira irrogou unicamente aos titulares de serviços notarias e de registro a guarda e a transferência de dados, nos estritos casos permitidos em lei. Não há, em termos técnicos-jurídicos, previsão para que "centrais", ou seja, pessoas jurídicas de direito privado, se interpolem entre os delegatários e os órgãos que ostentam legitimidade para requisitar os dados.

A Lei nº 11.977/09, em seu artigo 41, estabelece claramente uma relação jurídica entre os "serviços de registros públicos" e os requisitantes de dados — Poder Judiciário e Poder Executivo Federal, sem qualquer intermediação.

O Decreto nº 8.764/16, por sua vez, ao instituir o Sistema Nacional de Gestão de Informações Territoriais (Sinter), estipula

---

1 https://receita.economia.gov.br/noticias/ascom/2017/janeiro/sped-completa-10-anos-de-inovacao-e-simplificacao.

2 https://agenciabrasil.ebc.com.br/economia/noticia/2020-06/receita-recebe-237-milhoes-de-declaracoes-de-imposto-de-renda.

como usuários do sistema os *"serviços de registros públicos e os serviços notariais"*. Ou seja, manteve-se fiel à lei que regulamentou e não fez qualquer menção às "centrais" ou outras pessoas jurídicas de direito privado. O mesmo decreto ainda teve o cuidado de traçar, em seu artigo 2º, os parâmetros do conteúdo do Manual Operacional do Sinter, mas em nenhum momento, obviamente, autorizou que nele se inserisse um novo usuário do sistema.

Resulta evidente, portanto, que a decisão da corregedora nacional de Justiça preserva, a um só tempo, a Lei nº 8.935/94, a Lei Geral de Proteção de Dados, a Lei nº 11.977/09 e o Decreto nº 8.764/16, protege os direitos fundamentais de todas as brasileiras e brasileiros e confere segurança jurídica à própria Receita Federal.

Espera-se que a Receita Federal compreenda a importância da proteção de dados pessoais no Brasil e não concorra para a edificação de um modelo que, em última análise, promove uma maciça transferência de informações em desacordo com a Constituição e as leis em vigor.

REFERÊNCIAS BIBLIOGRÁFICAS

https://receita.economia.gov.br/noticias/ascom/2017/janeiro/sped-completa-10-anos-de-inovacao-e-simplificacao.

https://agenciabrasil.ebc.com.br/economia/noticia/2020-06/receita-recebe-237-milhoes-de-declaracoes-de-imposto-de-renda.

CAPÍTULO VI

SOBRE UM ESTRANHO INTERMEDIÁRIO

Gustavo Marinho de Carvalho

Pouca gente sabe, mas a atividade notarial e de registro no Brasil (atividade verificadora) é uma atividade pública, exercida em caráter privado por pessoas físicas, mediante delegação do poder público. Aquele que popularmente é chamado de "dono do cartório", o delegatário, é selecionado mediante concurso público de provas e títulos. São o que a doutrina chama de particulares em colaboração com a Administração Pública.

A atividade verificadora é tão relevante para o nosso país que a Constituição Federal de 1988 expressamente delineia seus principais contornos. Vejamos:

> *"Artigo 236 — Os serviços notariais e de registro são exercidos em caráter privado, por delegação do Poder Público. §1º. Lei regulará as atividades, disciplinará a responsabilidade civil e criminal dos notários, dos oficiais de registro*

> *e de seus prepostos, e definirá a fiscalização de seus atos pelo Poder Judiciário.*
>
> *§2º. Lei federal estabelecerá normas gerais para fixação de emolumentos relativos aos atos praticados pelos serviços notariais e de registro.*
>
> *§3º. O ingresso na atividade notarial e de registro depende de concurso público de provas e títulos, não se permitindo que qualquer serventia fique vaga, sem abertura de concurso de provimento ou de remoção, por mais de seis meses».*

Apesar de serem pessoas físicas e exercerem atividade de caráter privado, os delegatários submetem-se a um regime jurídico próprio, cuja natureza é de Direito Público[1]. O ordenamento jurídico brasileiro, portanto, aliou a versatilidade e o empreendedorismo do setor privado com a rigorosa proteção jurídica do interesse público que subjaz à atividade verificadora.

Mas entre o Estado, os delegatários e as pessoas físicas e jurídicas que confiam e utilizam os serviços notariais e de registro, uma nova figura foi introduzida a fórceps no Direito brasileiro, o nosso estranho intermediário: as centrais registrais e notariais.

As centrais de cartórios, na prática, nada mais são do que pseudocartórios, que fazem a ponte eletrônica entre o usuário (pessoa física ou jurídica) e os delegatários. A atividade das centrais não está contemplada na Constituição Federal, tampouco em leis infraconstitucionais, mas apenas em atos e decisões infralegais.

Mas não é apenas a falta de previsão legal e constitucional para a existência e atuação das centrais que nos causa espécie, mas especialmente a quantidade de dados que uma pessoa jurídica de direito privado, totalmente alheia ao regime jurídico dos serviços notariais e de registro, acessa diariamente.

---

1 BRASIL. Supremo Tribunal Federal. ADI 1.378 MC, rel. min. Celso de Mello, j. 30-11-1995, P, DJ de 30-5-1997.

Os artigos 30 e 46 da Lei nº 8.935/1994 estabelecem o dever e a responsabilidade pessoal dos delegatários de cartórios em guardar, proteger e preservar o sigilo de livros, papéis e documentos da serventia. A lei não fala em centrais.

A Lei Geral de Proteção de Dados (Lei nº 13.709/2018) estabelece uma série de direitos e obrigações a todos aqueles que têm acesso a dados pessoais de pessoas físicas e jurídicas, inclusive aos serviços notariais e de registro, que se equiparam, para fins dessa lei, às pessoas jurídicas de direito público (artigo 23, §§4º e 5º).

Além disso, essa mesma lei proíbe peremptoriamente que o poder público transfira a entidades privadas os dados de sua base, inclusive aqueles obtidos a partir da atividade notarial e de registro. Eis o artigo 26:

> *"Artigo 26 — O uso compartilhado de dados pessoais pelo Poder Público deve atender a finalidades específicas de execução de políticas públicas e atribuição legal pelos órgãos e pelas entidades públicas, respeitados os princípios de proteção de dados pessoais elencados no art. 6º desta Lei. §1º É vedado ao Poder Público transferir a entidades privadas dados pessoais constantes de bases de dados a que tenha acesso (...)".*

Mais uma vez, toda a responsabilidade e o dever de preservar os dados não é transferida às centrais, que pela LGPD estão expressamente proibidas de receber tais informações. Trocando em miúdos: *apenas os cartórios podem coletar, tratar e registrar os dados obtidos a partir da chamada atividade verificadora, nunca as centrais.*

Não bastassem a Constituição Federal, a Lei dos Registros Públicos, o Marco Civil da Internet e a Lei de Proteção de Dados Pessoais, a Lei da Liberdade Econômica é clara ao prescrever que é dever da Administração Pública evitar o "abuso do poder regulatório" para criar reserva de mercado, restringir competição, aumentar custos de transação e "*criar demanda artificial ou compulsória de produto, serviço ou atividade profissional, inclusive de uso de cartórios, registros ou cadastros*".

As "centrais", cartórios de cartórios, violam às abertas todos esses direitos de liberdade. Afinal, os "donos de cartório" ficam proibidos de empreender e de exercer suas delegações previstas na Constituição. A sociedade paga "taxa extra" a um intermediário escolhido sem licitação, que gera prazo maior e custo maior.

A sociedade tem o direito de acesso direto e eletrônico a todos os cartórios do Brasil, sem passar por nenhum intermediário obrigatório.

REFERÊNCIAS BIBLIOGRÁFICAS

BRASIL, Supremo Tribunal Federal. ADI 1.378 MC, rel. min. Celso de Mello, j. 30-11-1995, P, DJ de 30-5-1997.

CAPÍTULO VII

OPERADOR NACIONAL DO REGISTRO OFERECE GRAVE RISCO SOCIAL

Allan Ramalho Ferreira
Rafael Valim

O Operador Nacional do Registro (ONR), criado pela Medida Provisória 759/2016, do governo Temer, está sendo questionado perante o Supremo Tribunal Federal (STF) por meio de ação declaratória de inconstitucionalidade (ADI) promovida pelo Instituto de Arquitetos do Brasil, sob argumentos de risco social por violação à privacidade digital dos brasileiros. Esses argumentos foram corroborados pela Defensoria Pública de São Paulo, habilitada na ADI como amiga da corte. No entanto, o presidente do Instituto de Registro Imobiliário do Brasil (Irib) afirmou que "*não vê risco de uso indevido dos dados*" que estarão sob controle do ONR.

Segundo divulgado pela Confederação dos Notários e Registradores, o ONR ofertará "*busca em banco de dados para localização de imóveis a partir do número do CPF ou CNPJ*", o que confirma a criação de um cadastro nacional de todos os proprietários brasileiros, em evidente violação à privacidade digital.

Recentemente, o Supremo Tribunal Federal, acolhendo uma angústia generalizada em relação à ameaça de um Estado vigilante, pronunciou explicitamente o princípio de autodeterminação informativa como fundamentação de decisões inteiramente aplicáveis ao caso do ONR.

O STF considerou arriscado demais, desnecessário, inadequado, desproporcional e sem finalidade que o Instituto Brasileiro de Geografia e Estatística (IBGE), uma pessoa jurídica de direito público, pudesse concentrar dados pessoais, tais como o número de telefone, endereço e o nome da pessoa titular, em uma base de dados secreta e provisória.

Para a Suprema Corte, há um risco social na previsão desse banco de informações pessoais, afinal, quando cruzadas com bases de dados pré-existentes, podem levar a informações ainda mais sensíveis e abrir espaço para abusos e violações.

O risco social no caso do ONR é incomparavelmente maior que o caso do IBGE.

Basta ver que o ONR pretende concentrar dados pessoais como nome, CPF ou CNPJ, número de matrícula, endereço, filiação, tipo de contrato e valor do contrato referentes a todas as transações imobiliárias do país, em uma única base de dados duplicada e controlada por um órgão que sequer é responsável por prestar o serviço.

Há, nesse caso, objetivo flagrantemente inconstitucional e outras questões constitucionalmente problemáticas, de que são exemplos a definição de padrões tecnológicos por uma única empresa a ser contratada sem licitação ou, ainda, a pretensão de homologar os softwares de cartório e do mercado que se relacionam com os cartórios, intervindo em parte da ordem econômica que é reservada à livre atuação dos particulares e com evidente risco de ser capturada por interesses em detrimento do livre mercado e da concorrência.

Ao contrário, portanto, do que afirmou o presidente do Irib, há evidentes e graves riscos sociais na existência e atuação do ONR.

CAPÍTULO VIII

AS CENTRAIS DE CARTÓRIO E OS RISCOS À PROTEÇÃO DE DADOS PESSOAIS: CENTRALIZAÇÃO DO SISTEMA REGISTRAL É INCOMPATÍVEL COM AS DISPOSIÇÕES DA LGPD

Danilo Doneda
João Paulo Bachur
Mônica Fugimoto

As "centrais de cartórios" criadas por atos administrativos do Conselho Nacional de Justiça (CNJ) e de Tribunais de Justiça estaduais configuram um novo regime de prestação de serviços eletrônicos em que associações privadas de notários e registradores centralizam e tratam bases de dados pessoais em nível nacional. A atuação dessas centrais impõe nova camada de tratamento de dados no *iter* seguido pela informação pessoal até a prestação dos serviços, que deve, necessariamente, ser considerada em seus riscos face à Lei Geral de Proteção de Dados (LGPD — Lei nº 13.709, de 14 de agosto de 2018).

As possibilidades de otimização e aperfeiçoamento dos serviços notariais e de registro proporcionadas pelas tecnologias de informação e comunicação proporcionou intensa reflexão sobre novas possibilidades para esses serviços. Medidas e normas técnicas para a sua informatização passaram a ser providenciadas por órgãos do Poder Judiciário.

Em determinado momento, tais medidas admitiram entidades ao sistema notarial e registral tal como desenhado pelo art. 236 da Constituição, que prevê uma delegação direta do Poder Público ao notário e registrador, sem intermediários ou subdelegatários.

Notários e registradores passaram a ser obrigados a fornecer dados pessoais de cidadãos que constam de seus acervos para as associações escolhidas caso a caso. Por exemplo, os Provimentos 88 e 100 do CNJ determinam o repasse de todas as biometrias, fichas de assinaturas, telefones, endereços e imagens de documentos dos brasileiros para uma associação privada, o Colégio Notarial do Brasil. O Provimento 46 do CNJ transfere toda a base dos cartórios de registro civil para a Associação dos Registradores de Pessoas Naturais do Brasil (ARPEN).

Há inúmeros exemplos. Em relação aos registros de imóveis, o Provimento CGJSP nº 42, de 19 de dezembro de 2012, implantou o Serviço de Registro Eletrônico de Imóveis (SREI) no Estado de São Paulo e instituiu a operação da Central de Serviços Eletrônicos Compartilhados dos Registradores de Imóveis (Central Registradores de Imóveis), plataforma desenvolvida, operada e administrada pela ARISP. A Corregedoria paulista vem, inclusive, proibindo que os próprios oficiais prestem seu serviço eletrônico diretamente, tornando obrigatória a intermediação e o tratamento de dados pessoais por pessoa jurídica de direito privado[1].

1 Atualmente, o sistema é gerenciado pela Coordenação Nacional das Centrais Estaduais de Serviços Eletrônicos Compartilhados, vinculado ao Instituto de Registro Imobiliário do Brasil (IRIB) e oferece diretamente serviços online

A legitimação desse novo regime decorre da instituição do Operador Nacional do Sistema de Registro Eletrônico de Imóveis (ONR) pela Lei nº 13.465, de 11 de julho de 2017, organizado na forma de pessoa jurídica de direito privado sem fins lucrativos. Atualmente, quatro Ações Diretas de Inconstitucionalidade propugnam a inconstitucionalidade do ONR: ADI 5.771, de autoria do Ministério Público Federal, ADI 5.787 do Partido dos Trabalhadores, ADI 5.883, do Instituto dos Arquitetos do Brasil e ADI 6.787, do Partido Socialismo e Liberdade.

A interposição de entidade privada entre o notário ou registrador e o usuário de serviços notariais e de registro (titular de dados pessoais) exige necessariamente a consideração dos riscos relativos a potenciais violações da privacidade e do direito fundamental à proteção de dados.

Chama a atenção a mudança na arquitetura do sistema: a atuação de agentes autônomos e decentralizados, segundo o desenho constitucional, é substituída por um sistema privatizado e centralizador em que os agentes autônomos passam a atuar como "fornecedores" de dados pessoais para estruturas alheias à delegação constitucional do art. 236 (as referidas associações ou centrais de cartórios).

Uma abordagem centralizada para os sistemas registral e notarial pode parecer sedutora sob determinados aspectos. A concentração de dados pode facilitar a prestação de serviços que eventualmente sejam dificultados por questões como distância ou tempo de resposta, considerando a discrepância entre estruturas de

---

tais como pedido de certidões, visualização eletrônica da matrícula do imóvel, pesquisa de bens que permite a busca por CPF ou CNPJ para detector bens imóveis registrados. CNJ. Sistema de Registro Eletrônico de Imóveis. Disponível em: <https://www.cnj.jus.br/sistemas/sistema-de-registro-eletronico-de-imoveis-srei/>. Acesso em 21/04/2020.

notários e registradores em um país com as proporções do Brasil. Outrossim, o serviço tende a ser mais uniforme.

Há, no entanto, riscos concretos e relevantes a serem levados em conta sob o prisma da proteção de dados.

Sistemas centralizados apresentam, entre outras, a desvantagem de proporcionarem o chamado "ponto de falha único" (*single point of failure*), isto é, qualquer falha ou problema compromete integralmente a prestação do serviço como um todo. Eventuais incidentes de segurança em um sistema centralizado possuem o potencial de comprometer a generalidade dos dados pessoais armazenados. Ainda, estando submetidos tais sistemas centralizados a uma autoridade única, o poder dos gestores aumenta de forma muito acentuada, tornando questões sobre a sua legitimidade e a governança dos dados elementos cruciais a serem levados em conta para a garantia e efetividade dos direitos dos titulares de dados pessoais[2].

Há que se ressaltar, neste momento, que a centralização de bases de dados não é, absolutamente, o caminho único ou preferencial para a modernização e aperfeiçoamento de serviços que dependam do armazenamento e tratamento massivo de dados pessoais. Muito pelo contrário. Sistemas decentralizados hoje dispõem de procedimentos para garantir a sua interoperabilidade, possibilitando que resultados equivalentes à centralização sejam atingidos sem a efetiva centralização de bases de dados e com o oferecimento ao titular de dados de instrumentos eficazes de transparência e controle sobre os seus próprios dados, além da otimização de recursos, entre outros[3].

---

2 PRIMAVERA DE FILLIPI, Smari Mccarthy. "Cloud Computing: Centralization and Data Sovereignty". *European Journal of Law and Technology*, University of Warwick, 2012, 3 (2). < https://hal.archives-ouvertes.fr/hal-00746065/file/07_-_2012_EJLT_ Cloud_Computing_and_Data_Sovereignty.pdf >.

3 FLORIAN KELBERT, Alexander Pretschner. "Decentralized Distributed Data Usage Control". CANS 2014: *Cryptology and Network Security*, pp 353-369.

A interoperabilidade versa especificamente sobre a "a capacidade dos sistemas das tecnologias da informação e dos processos operacionais de que constituem o suporte para trocar dados e assegurar a partilha de informações e conhecimentos"[4], estando os "recipientes" (*pots*)[5] compartimentalizados. O que se observa no sistema que se impôs progressivamente no Brasil, porém, não é a interoperabilidade de vários "*pots*", e sim, a centralização das informações e de dados pessoais nas mãos das associações privadas escolhidas como "Centrais".

Há argumentos em favor do sistema centralizado sustentando que o sistema pode beneficiar a persecução dos interesses públicos dos sistemas de registro de propriedade, possibilitando a elaboração de estatísticas e a interoperabilidade de sistemas descentralizados[6]. Ora, o modelo do SREI não é o de interoperabilidade, e sim o de centralização de bases de dados sob a tutela de entidade privada. Argumentos teóricos devem sobreviver ao teste da implementação prática.

Lembre-se aqui o caso de central de registros administrada pela Arpen-SP que, em 2019, foi responsável pelo vazamento de

---

4 COMISSÃO DAS COMUNIDADES EUROPEIAS. Comunicação da Comissão ao Conselho e ao Parlamento Europeu relativa ao reforço da eficácia, da interoperabilidade e das sinergias entre as bases de dados europeias o domínio da justiça e dos assuntos internos. Bruxelas, 24.11.2005. COM (2005) 597 final. Disponível em: https://eur-lex.europa.eu/legalcontent/ PT/TXT/PDF/?uri=CELEX:52005DC0597&from=EN. Acesso em 24/04/2021.

5 "Crucially, databases are compartmentalised; even though in the future all third-country nationals will be effectively captured by at least one database, the data pots are separate from each other". Disponível em: <https://eumigrationlawblog.eu/interoperability-of-europeancentralised-databases--another-nail-in-the-coffin-of-third-country-nationals-privacy/>. Acesso em 25/04/2021.

6 UNGER, Adriana; BIONI, Bruno; FANTINATO, Marcelo; LUCIANO, Maria. Measuring property registry in Brazil: A privacy by design econometric model. Conference: World Bank Land and Poverty Conference 2020 at Washington, USA. Disponível em: <https://www.researchgate.net/publication/340087960_Measuring_property_registry_in_Brazil_A_privacy_by_design_econometric_model>. Acesso em 24/04/2021.

dados de quase 1 milhão de arquivos, incluindo dados sensíveis de crianças e adolescentes[7]:

> "Foram vazados 988 mil arquivos. Um único deles é um banco de dados com 381 mil certidões de nascimento, com informações de mais de 1 milhão de pais (339 mil), mães (378 mil) e filhos (381 mil). O UOL pesquisou essa base de dados e localizou várias pessoas em redes sociais e em registros públicos. Há, por exemplo, uma cabeleireira que ficou viúva e cuida de uma jovem e de um adolescente, um policial militar, um pai descendente de chineses que não paga pensão a seu filho de sete anos e até uma pessoa que responde processo por receptação e furto na Justiça. (...)

Troca de mensagens de funcionário da Arpen-SP (Associação dos Registradores de Pessoas Naturais de São Paulo) mostra que a causa do vazamento foi uma falha no sistema da entidade, que congrega cartórios do estado para esse tipo de registro. O funcionário conversou com o grupo de pesquisadores Certo (sigla para Computer Emergency Response Team), que atua com segurança da informação e proteção da privacidade. Foram eles que, no final de agosto, alertaram a Arpen sobre a exposição de dados das pessoas".

Há motivos, portanto, para considerar que a centralização do sistema registral, que envolve a transferência de dados pessoais dos cidadãos brasileiros coletados pelos cartórios para entidades privadas, é incompatível com as disposições da LGPD.

A entrada em vigor da LGPD estabeleceu no ordenamento pátrio uma série de princípios materiais, dentre os quais os princípios da finalidade, adequação, necessidade, transparência, prevenção

---

7 MILITÃO, Eduardo. Falha de cartórios expõe dados de ao menos 1 milhão de pais, mães e filhos. UOL, publicado em 29/10/2019. Disponível em: <https://noticias.uol.com.br/cotidiano/ultimas-noticias/2019/10/29/falha-de-cartorios-expoedados-de-ao-menos-1-milhao-de-pais-maes-e-filhos.htm?cmpid=copiaecola>. Acesso em 29/04/2021.

e segurança, bem como uma série de requisitos legais que devem preceder o tratamento de dados pessoais. E é justamente ante a este novo paradigma de tratamento de dados que a criação de bases de registro notariais centralizadas na mão de entidades privadas passa a provocar preocupações quanto ao risco de violação ao direito fundamental de proteção aos dados. Frise-se que tais dados são coletados para o exercício de finalidade pública essencial, a fim de conferir a estabilidade de relações jurídicas, bem como garantir a eficácia formal e substancial por meio da realização de registros pelos delegados de fé pública[8].

E não é por outro motivo que a LGPD considera que as obrigações atreladas aos serviços notariais e de registro são as mesmas das dispensadas às pessoas jurídicas de direito público (art. 23, § 4º, LGPD). Dessa forma, a transferência desses dados para entidades privadas contraria o propósito essencial do tratamento de dados pessoais pelas pessoas de direito público, qual seja, o atendimento de sua finalidade pública, a persecução de interesse público e o objetivo de executar as competências legais ou cumprir com as atribuições legais do serviço público (art. 23, caput, LGPD).

Para que o aumento da vulnerabilidade e a limitação ao direito fundamental sejam considerados constitucionais, o legislador deve atender ao princípio da transparência e proporcionalidade, devendo estabelecer medidas organizacionais e preventivas, de modo a proteger o indivíduo contra os riscos à violação da sua personalidade. Essas medidas, contudo, não foram previstas nas normativas de criação das centrais de cartórios.

A responsabilização por eventual incidente igualmente não foge às controvérsias aqui tratadas, principalmente na perspectiva

---

8 AMADEI, Vicente de Abreu. Teoria Geral das Notas e do Registro. In: *Direito Notarial e Registral Avançado*. Consuelo Yatsuda Moromizato Yoshida; Marcelo Figueiredo; Vicente de Abreu Amadei (org.) 1 ed. ebook. São Paulo: Editora Revista dos Tribunais, 2014

de enquadramento do controlador e operador, vez que é crucial identificar as competências de cada agente para fins de responsabilização (art. 42, LGPD). No contexto das centrais de cartórios, contudo, essa atribuição não é feita de forma clara e devida. Isso porque o controlador definido pela legislação que criam as centrais e figuras como ONR não é o mesmo que o controlador da operação, isto é, o notário ou registrador, conforme definição de competência realizada pelo art. 236 da Constituição Federal, que estabelece o dever de tutela dos documentos de sua serventia, o sigilo das informações que lhe forem prestadas e a facilitação do acesso à documentação sob sua custódia.

Dessa forma, diante do confronto entre a Lei Geral de Proteção de Dados e as portarias administrativas que criaram as centrais de cartórios observa-se um possível quadro de violação ao direito fundamental à proteção de dados, devido a: i) o risco generalizado e ampliado de exposição dos dados dos titulares; ii) ausência de base legal que legitime a atividade de tratamento; iii) indefinição quanto à responsabilização dos controladores em caso de incidentes de segurança; iv) violação aos princípios da transparência, minimização e proporcionalidade; v) ausência de medidas que garantam a segurança dos titulares.

A modernização tecnológica dos cartórios não pressupõe a centralização de bases de dados nas mãos de associação privada escolhida a dedo. A centralização e a privatização são, na verdade, a degeneração do escopo original que animou a digitalização dos serviços notariais e de registro. Ainda que a centralização ocorra sob a justificativa da eficiência, é incontornável que a informatização dos cartórios ocorra nos marcos constitucionais da proteção à privacidade, em respeito ao direito fundamental à proteção de dados já reconhecido pelo STF.

REFERÊNCIAS BIBLIOGRÁFICAS

AMADEI, Vicente de Abreu. Teoria Geral das Notas e do Registro. In: *Direito Notarial e Registral Avançado*. Consuelo Yatsuda Moromizato Yoshida; Marcelo Figueiredo; Vicente de Abreu Amadei (org.) 1 ed. ebook. São Paulo: Editora Revista dos Tribunais, 2014.

COMISSÃO DAS COMUNIDADES EUROPEIAS. Comunicação da Comissão ao Conselho e ao Parlamento Europeu relativa ao reforço da eficácia, da interoperabilidade e das sinergias entre as bases de dados europeias o domínio da justiça e dos assuntos internos. Bruxelas, 24.11.2005. COM (2005) 597 final. Disponível em: https://eur-lex.europa.eu/legalcontent/PT/TXT/PDF/?uri=CELEX:52005DC0597&from=EN. Acesso em 24/04/2021.

FLORIAN KELBERT, Alexander Pretschner. "Decentralized Distributed Data Usage Control". CANS 2014: *Cryptology and Network Security*, pp 353-369.

PRIMAVERA DE FILIPPI, Smari Mccarthy. "Cloud Computing: Centralization and Data Sovereignty". *European Journal of Law and Technology*, University of Warwick, 2012, 3 (2). Disponível em: https://hal.archives-ouvertes.fr/hal-00746065/file/07_-_2012_EJLT_-Cloud_Computing_and_Data_Sovereignty.pdf

MILITÃO, Eduardo. Falha de cartórios expõe dados de ao menos 1 milhão de pais, mães e filhos. UOL, publicado em 29/10/2019. Disponível em: https://noticias.uol.com.br/cotidiano/ultimas-noticias/2019/10/29/falha-de-cartorios-expoedados-de-ao-menos-1-milhao-de-pais-maes filhos.htm?cmpid=copiaecola. Acesso em 29/04/2021.

UNGER, Adriana; BIONI, Bruno; FANTINATO, Marcelo; LUCIANO, Maria. Measuring property registry in Brazil: A privacy by design econometric model. Confer-ence: World Bank Land and Poverty Conference 2020 at Washington, USA. Disponível em:https://www.researchgate.net/publication/340087960_Measuring_property_registry_in_Brazil_A_privacy_by_design_econometric_model. Acesso em 24/04/2021.

CAPÍTULO IX

AS CENTRAIS DE CARTÓRIO E OS FALSOS LIBERAIS: ASSOCIAÇÕES TÊM OBTIDO RECEITAS MILIONÁRIAS SEM QUALQUER TIPO DE CONTROLE

Antonio Corrêa de Lacerda
Rafael Valim

No Brasil, no que toca às decisões de políticas e medidas econômicas, muitas vezes as disputas ideológicas não correspondem exatamente às suas vertentes de origem. Governos que se apresentam como de "esquerda" promovem medidas liberalizantes, e governos que se proclamam de "direita" contrariam os mais elementares preceitos do liberalismo econômico.

É o que assistimos em matéria de serviços notariais e de registro, os quais constituem atividade pública exercida em caráter privado, por delegação do poder público.

A lei 11.977/2009 determinou que todos os cartórios do país prestassem seus serviços por meio eletrônico. O Marco Civil da

Internet (lei 12.965/2014), por sua vez, consagrou bases de dados descentralizadas, interoperabilidade e pluralidade tecnológica.

Mais um passo foi dado com a Lei Geral de Proteção de Dados Pessoais (lei 13.079/2018), promulgada no contexto do escândalo internacional da empresa Cambridge Analytica com o propósito de garantir a chamada "autodeterminação informativa" ou, em outras palavras, assegurar que os dados pessoais não sejam transferidos a terceiros sem prévia e explícita autorização.

Diversos atos administrativos do Conselho Nacional de Justiça, porém, proibiram que os cartórios oferecessem diretamente seus serviços pela internet, atribuindo a prestação eletrônica dos serviços de notas e de registros para associações de cartorários, escolhidas sem qualquer procedimento licitatório.

As mencionadas associações de cartorários passaram a cobrar taxas dos usuários e dos próprios cartorários, disso resultando receitas milionárias, sobre as quais jamais incidiu qualquer controle. Ao mesmo tempo, bases de dados pessoais dos brasileiros foram criadas, sem o conhecimento e muito menos autorização dos titulares dos dados.

Agora, em um governo cuja equipe econômica diariamente se regozija de ser "liberal", pretende-se consolidar, de maneira ilegal, um monopólio em favor das associações de cartorários. Uma medida provisória, gestada cuidadosamente na Secretaria de Política Econômica do Ministro da Economia, está em vias de criar um "superintermediário" monopolista que impede o acesso direto e desimpedido da sociedade brasileira aos cartórios na internet e, a um só tempo, confiar a uma pessoa jurídica de direito privado uma extraordinária base de dados pessoais.

Desnecessário dizer que monopólio é o oposto de concorrência e tampouco combina com liberalismo. Para além da flagrante ilegalidade da medida provisória, o governo Bolsonaro pode entrar para a história como um dos grandes inimigos do mercado nacional.

CAPÍTULO X

O FIM DO "BRASIL PASTINHA": ACESSO DIGITAL AOS CARTÓRIOS BRASILEIROS ELIMINA A AÇÃO DE ATRAVESSADORES

Flaviano Galhardo

Em artigo publicado nesta Folha ("As centrais de cartórios e os falsos liberais", 12/8), os autores Rafael Valim e Antonio Corrêa de Lacerda criticaram a proposta de universalização do acesso digital aos cartórios brasileiros, que é fruto de um esforço conjunto do governo federal, do mercado imobiliário e da sociedade civil com o intuito de facilitar a comunicação com os responsáveis pelo registro de imóveis e de títulos e documentos.

Evidenciando desinformação, os autores alegaram que tal iniciativa visa o lucro das associações da categoria, em prejuízo do Estado e dos usuários do serviço — o que não é verdade, uma vez que nenhum desses terá qualquer gasto com a manutenção de uma porta única de entrada aos cartórios brasileiros, pois tal responsabilidade recairá sobre o FIC/SREI, fundo de custeio mantido pelos próprios oficiais de registro.

Também é necessário ter em conta que os registradores respondem por serviços ininterruptos e seguros à população brasileira graças ao modelo eletrônico atualmente adotado, que possibilitou, por exemplo, que a emissão de certidões online seguisse inalterada até mesmo quando prefeituras interromperam o atendimento presencial em razão da pandemia. Graças à tecnologia, os registros de imóveis protocolaram no ano passado, inclusive, número recorde de contratos de aquisição da casa própria.

Diferentemente do que os autores apregoam, o que se pretende é eliminar a ação de atravessadores, que, ao invocarem a existência de um suposto "monopólio" por parte das serventias, constituem o verdadeiro "nó" do sistema. Ocorre, contudo, que, por exigência da própria sociedade, esse "Brasil Pastinha" vai ficando cada vez mais no passado.

É igualmente importante observar que o registro eletrônico brasileiro constitui um modelo bem-sucedido de proteção de dados, que ficam armazenados em cada cartório, sob a fé pública estatal de seu titular, e não são transferidos a terceiros — como querem as empresas que atuam como atravessadoras. Ou seja, informações pessoais dos brasileiros são mantidas sob a guarda individual dos cartórios, que só dão acesso a elas àqueles que solicitam certidão de um ato específico, na forma da lei, excluindo a possibilidade de disseminação dos dados.

A porta única de entrada também constitui um filtro que permite obstruir pedidos falsos e outras tentativas inadmissíveis, bem como atende à lei de registros públicos, que garante observância da cronologia no ingresso dos títulos. Há uma ordem de pedidos a serem atendidos, protocolados perante um servidor. E tudo plenamente adequado ao Marco Civil da Internet.

Por fim, a oportuna e promissora proposta de criação da porta única de entrada contribui para que o Brasil venha a galgar melhor posição no ranking "Doing Business", do Banco Mundial, no quesito "Registro de Propriedades" — argumento que sensibilizou o governo e o próprio Judiciário a se empenharem em pôr em prática uma solução que evitará que poucos continuem lucrando com a venda de facilidades, em detrimento da imensa maioria da população brasileira.

CAPÍTULO XI

MONOPÓLIO NA DIGITALIZAÇÃO CARTORIAL: UMA TRÉPLICA: BRASILEIROS TÊM DIREITO AO ACESSO DIRETO, SEM INTERMEDIÁRIOS OBRIGATÓRIOS

Antonio Corrêa de Lacerda
Rafael Valim

O artigo de Flaviano Galhardo ("O fim do 'Brasil pastinha", 23/9), presidente da Associação dos Registradores de Imóveis de São Paulo (Arisp) e do Registro de Imóveis do Brasil (RIB), publicado nesta Folha, é uma confissão de que os dados pessoais dos brasileiros e todo o sistema registral estão sequestrados pelo interesse privado de poucas associações de cartórios, um dos grupos mais poderosos do país.

Além disso, ao defender que o modelo de centrais de cartórios seria importante para melhorar nossa posição no relatório "Doing Business", revela desconhecimento de que tal ranking acaba de ser descontinuado pelo Banco Mundial por distorções e uso indevido de dados para tentar justificar o indefensável.

É esse mesmo grupo que aprovou um "jabuti" na MP 1.051/2021, em cujo artigo 25 "legaliza" o ilícito: associações "sem fins lucrativos" de cartorários poderiam explorar economicamente o sistema cartorial, aumentando o custo dos serviços.

Quatro ADIs (ações diretas de inconstitucionalidade) propostas perante o Supremo Tribunal Federal tratam do tema: 5.771, 5.787, 5.883 e 6.787.

As mencionadas associações de cartórios, em decorrência de diversos atos administrativos do Conselho Nacional de Justiça (CNJ) que proibiram que os cartórios oferecessem diretamente seus serviços pela internet, passaram a cobrar taxas dos usuários e dos próprios cartorários, disso resultando receitas milionárias, sobre as quais jamais incidiu qualquer controle.

É de se perguntar: a associação dos magistrados presta serviços de jurisdição, a associação dos delegados investiga? Por que as associações dos cartorários estão fazendo essa intermediação?

O CNJ apura o total de valores cobrados ilegalmente por dezenas de associações de cartórios da Caixa Econômica Federal no PP 0005169.94.2020.2.00.0000. Em 2015, a Caixa Econômica.

Em 2015, a Caixa Econômica Federal contratou sem licitação o envio de 108 mil documentos para cartório. Sem licitação, pois a Caixa não poderia mandar documentos diretamente aos cartórios paulistas, mesmo se quisesse. Estima-se que, de 2015 a 2020, isso gerou uma despesa de R$ 30 milhões em desfavor da Caixa Econômica Federal, sem contar a enorme base de dados[1] pessoais amealhada nessa operação.

1 https://www1.folha.uol.com.br/equilibrioesaude/2020/05/base-de-dados-de-cartorios-traz-falhas-que-impedem-calcular-efeito-real-do-coronavirus-no-brasil.shtml

Uma das centrais já vazou dados pessoais de 1 milhão de pessoas, inclusive crianças. Os riscos são enormes, especialmente quando em outra associação se reúne toda a biometria e todos os cartões de assinaturas dos brasileiros, por determinação do provimento 100/2020 do CNJ.

Os brasileiros têm direito a acesso direto e digital ao cartório, sem intermediários obrigatórios estranhos ao nosso modelo constitucional.

Nenhuma norma, seja medida provisória ou ato administrativo do CNJ, pode ensejar a intermediação dos serviços dos cartórios. Apesar de estar fora de moda, ainda temos uma Constituição e precisamos defendê-la de maneira intransigente.

REFERÊNCIAS BIBLIOGRÁFICAS

https://www1.folha.uol.com.br/equilibrioesaude/2020/05/base-de-dados-de-cartorios-traz-falhas-que-impedem-calcular-efeito-real-do-coronavirus-no-brasil.shtml

CAPÍTULO XII

MP 1.085: UMA NOVA MONARQUIA OU SOLUÇÃO VIA SENADO?

Armando Rovai

Rubicão era o nome do pequeno rio, no centro da Gália, que separava a Gália Cisalpina do território administrado diretamente pela própria Roma. A lei romana proibia qualquer pessoa de atravessar esse rio com um Exército, a menos que por ordens do Senado.

Em 10 de janeiro de 49 a.C, Júlio violou as leis romanas, desafiou o Senado e atravessou o pequeno Rubicão com suas legiões.

Pois bem, a MP 1.085 atravessa um importante Rubicão de nossa frágil República. Envolta em uma cortina de fumaça retórica sobre "desburocratização", ela transfere poderes normativos e poderes executivos para o Poder Judiciário, mais precisamente para um único conselheiro, dos 15 que compõem o Conselho Nacional de Justiça.

Um único conselheiro de dentro do CNJ, nas matérias de propriedade, garantias e seus registros, terá mais poderes que todo o Congresso e que o presidente da República.

A Constituição proíbe tudo isso. Separação de poderes significa que o juiz diz o direito no conflito, o Legislativo cria a norma abstrata e o Executivo toma decisões práticas, um modelo de freios e contrapesos.

Separação de poderes e legalidade são cláusulas pétreas.

O Congresso abriu mão da legalidade e de suas próprias prerrogativas democráticas ao aprovar a MP 1.085 sem sequer examinar o que nela há de mais grave, a destruição da legalidade e da separação entre poderes.

O CNJ tem a nobre e constitucional missão, definida na ADI 3.367, de fazer o controle da legalidade interna da magistratura. Não é constitucional que a Corregedoria do CNJ, 1/15 deste órgão, possua poderes normativos e executivos. Não é normal que essa delegação inconstitucional de poderes ocorra, por medida provisória, sem reação da sociedade ou do Poder Legislativo.

Paradoxalmente, o CNJ foi criado justamente para o controle da legalidade interna do Poder Judiciário. Em tese, se alguma corregedoria estadual passasse a criar normas abstratas, caberia ao CNJ anular essas medidas, recompondo o Estado de Direito. Agora o Conselho Nacional de Justiça, composto de juristas de escol, se vê diante de uma MP que traz em si inconstitucionalidades que qualquer aluno de primeiro semestre de Direito Constitucional sabe identificar como tal.

O Senado, que recebe a MP 1.085 para o derradeiro exame, tem diante de si a mesma escolha que Roma se viu obrigada a fazer, milhares de anos atrás: fazer valer a república ou deixar instalar-se uma novel monarquia.

Há conserto para a MP 1.085.

De maneira geral: é preciso retirar toda delegação de competência legislativa e executiva outorgada aos órgãos do Poder Judiciário.

Para o registro de bens móveis: urge resguardar o direito do credor de uma garantia sobre bem móvel, de obter registro no seu próprio domicílio. Crédito sem risco é crédito com a garantia registrada, de maneira mais conveniente possível, no cartório mais próximo do contrato.

Para o registro de bens imóveis: urge proibir a apresentação de resumos digitais, os extratos, como títulos nos registros de imóveis. O contrato original deve ser examinado no cartório, sob pena de abrirmos a propriedade imobiliária para todo tipo de fraudes e erros.

O direito à proteção de dados pessoais, necessário em uma sociedade digital, precisa ser respeitado. Trata-se de direito fundamental aprovado por unanimidade pelo Congresso. Os dados das pessoas e empresas confiados aos cartórios somente podem ficar nos próprios cartórios, jamais em terceiras entidades.

Cartórios devem ter viabilidade econômica, de um lado, e a sociedade não deve pagar emolumentos exorbitantes, de outro.

Por fim, a delegação de cartório é uma privatização. Os registradores e notários são responsáveis e independentes na prestação de seus serviços, inclusive eletrônicos. Fazer um projeto nacional de estatística, com o IBGE, e um projeto nacional de interoperabilidade, com o Ministério de Ciências e Tecnologia, seria mais eficiente e constitucional. Não é evidente?

Mais uma vez, cabe ao Senado, experiente, o cuidado de aprimorar a República.

CAPÍTULO XIII

DIÁLOGOS SOBRE PROTEÇÃO DE DADOS: O DIREITO FUNDAMENTAL À PROTEÇÃO DE DADOS PESSOAIS: FUNDAMENTO, IMPACTO E DESENVOLVIMENTOS RECENTES

Danilo Doneda
Ingo Wolfgang Sarlet
Laura Schertel Mendes
Otavio Luiz Rodrigues Júnior

A recente entrada em vigor da Lei Geral de Proteção de Dados (LGPD) é o ponto culminante de um processo de formulação e amadurecimento da matéria que remonta a pelo menos 15 anos, desde que sua estrutura começou a ser esboçada em meio às discussões sobre um padrão de proteção de dados para os países do Mercosul. Hoje, com primeira LGPD brasileira passando a integrar, ainda que não – por ora – de forma plena[1], o ordenamento jurídico pátrio, as atenções se voltam aos impactos da nova normativa e à sua necessária harmonização com os elementos da nossa ordem jurídica que não foram cunhados considerando a proteção aos dados pessoais como um direito fundamental e um parâmetro concreto.

É nesse contexto que ora inauguramos, com alegria e honra, este novo espaço no JOTA com a missão de fomentar e informar o debate sobre a implementação do novo marco normativo e do direito fundamental à proteção de dados no contexto jurídico-institucional brasileiro. Para tal, observaremos periodicidade quinzenal, com artigos da lavra dos titulares da coluna bem como de convidados, nacionais e estrangeiros, cuja contribuição seja relevante para os seus objetivos, abordando temas atuais, fornecendo elementos que permitam melhor contextualizar o debate e, ainda, lançando uma mirada para o futuro – pois a proteção de dados é tema essencialmente dinâmico, e o panorama de e hoje certamente não é o mesmo que teremos daqui a cinco ou dez anos.

Conforme havia observado o jurista Stefano Rodotà, a implementação da proteção de dados é um processo tanto jurídico-institucional quanto cultural. A LGPD chega em um momento intensamente afinado com inúmeras demandas de alta relevância, como a dos cidadãos por maior controle e transparência no uso de seus dados, com a consideração da proteção de dados como um direito autônomo e fundamental pelo Supremo Tribunal Federal (ADIs n. 6387, 6388, 6389, 6390 e 6393[2]), bem como no concernente à

---

1 Note-se que a parte LGPD relativa às sanções teve sua entrada em vigor postergada para maio de 2021 e a ANPD ainda não está em atividade.

2 Nos dias 6 e 7 de maio de 2020, o Supremo Tribunal Federal (STF) proferiu uma decisão histórica para o desenvolvimento da disciplina jurídica relativa à proteção de dados pessoais no Brasil. Com a impressionante maioria de 10 votos favoráveis, o Plenário da Suprema Corte referendou a Medida Cautelar concedida pela Ministra Rosa Weber, relatora das Ações Diretas de Inconstitucionalidade (ADIs) n. 6387, 6388, 6389, 6390 e 6393. Desse modo, o Tribunal suspendeu a eficácia da Medida Provisória n. 954/2020

mudança de processos internos referentes ao tratamento de dados pessoais em diversas empresas e organizações. O momento é muito auspicioso para que o impacto da proteção de dados seja considerado, portanto, em todas estas instâncias. Há, ainda, outro elemento que alça a importância deste debate, que é a transversalidade da matéria: há impactos jurídicos, culturais ou sociais da proteção de dados em parte substancial das searas do direito, ressaltando a necessidade de entendimentos harmônicos até mesmo entre setores e realidades que estão bastante afastados entre si como condição essencial para que o cidadão tenha efetivo controle sobre seus dados. O "geral" na LGPD é um dos seus mais fortes atributos.

A LGPD proporciona, igualmente, uma lufada de modernidade no ordenamento jurídico pátrio, com a consolidação do reconhecimento dos interesses jurídicos nos dados pessoais e na necessidade de proteger o seu titular ao mesmo tempo em que se estabelecem regras para a sua utilização. A centralidade dos dados pessoais em diversos processos sociais e econômicos deixa claro que esta atualização, mais que uma opção, é imprescindível. Há, naturalmente, elementos que resistam à esta novidade e que não raro se fazer sentir em arranjos jurídico ou institucionais que insistem em paradigmas datados, questão que também será objeto desta coluna.

É justamente neste ponto que a interpretação e jurisprudência constitucional se apresentam como elemento de vanguarda, tão importante quanto a própria LGPD para assegurar que a proteção de dados goze de efetiva cidadania no sistema jurídico pátrio. Ponto de partida para qualquer análise que tenha a pretensão de ser constitucionalmente adequada, diz respeito à já referida consagração de um direito fundamental à proteção de dados pessoais como direito autônomo pelo STF, porquanto é à luz de tal direito,

---

que, em seu art. 2°, *caput*, determinava que empresas de telecomunicações compartilhassem nome, número de telefone e o endereço de seus consumidores de telefonia móvel e fixa com o Instituto Brasileiro de Geografia e Estatística (IBGE).

combinado com outros princípios e direitos fundamentais, que todo e qualquer ato do poder público e mesmo de agentes privados deverá ser compreendido e aplicado, o que também se aplica à LGPD.

A decisão do STF acima referida foi proferida no julgamento das ADIs n. 6387, 6388, 6389, 6390 e 6393 representa uma verdadeira evolução em relação à jurisprudência anterior do STF, expressa em julgados como o RE 418.416-8/SC, relator ministro Sepúlveda Pertence, 10.05.2006 e o HC 91.867/PA, relator ministro Gilmar Mendes, 24.04.2012. Isso porque a interpretação constitucional conferida foi a de que qualquer dado que leve à identificação de uma pessoa merece proteção constitucional. Nesse sentido, tem-se uma ampliação da tutela constitucional, podendo-se aplicar tal direito fundamental a uma multiplicidade de casos envolvendo a coleta, o processamento ou a transmissão de dados pessoais, em razão de não se ter um conteúdo fixo de garantia, nem limitá-lo apenas às informações pertencentes à esfera privada[3].

Nos termos do voto do ministro Gilmar Mendes, Esse direito fundamental autônomo e com contornos próprios, seria extraído de uma: "[C]ompreensão integrada do texto constitucional lastreada (i) no direito fundamental à dignidade da pessoa humana, (ii) na concretização do compromisso permanente de renovação da força normativa da proteção constitucional à intimidade (art. 5º, inciso X, da CF/88) diante do espraiamento de novos riscos derivados do avanço tecnológico e ainda (iii) no reconhecimento da centralidade do Habeas Data enquanto instrumento de tutela material do direito à autodeterminação informativa." [4]

---

3 ALBERS, Marion. Informationelle Selbstbestimmung. Baden-Baden: Nomos, 2005, p. 212; SCHLINK, Bernhard. Die Amtshilfe: Ein Beitrag zu einer Lehre von der Gewaltenteilung in der Verwaltung. Berlim, 1982, pp. 192 ss.

4 Voto disponível em: https://www.conjur.com.br/dl/pandemia-reforca-necessidade-protecao.pdf. Acesso: 19 de maio de 2020.

Nesse sentido, no que diz respeito à fundamentação constitucional de um direito fundamental autônomo à proteção de dados pessoais, observa-se, primeiramente que a Constituição Federal de 1988 garante a inviolabilidade da intimidade e da vida privada (art. 5.º, X, da CF), de onde se extrai uma proteção aos dados íntimos e privados. A proteção dos dados pessoais, por outro lado também encontra salvaguarda parcial e indireta mediante a previsão da ação de habeas data (art. 5.º, LXXII, da CF), ação constitucional, com status de direito-garantia fundamental autônomo, que precisamente busca assegurar ao indivíduo o conhecimento e mesmo a possibilidade de buscar a retificação de dados constantes de registros ou bancos de dados de entidades governamentais ou de caráter público, ao mesmo tempo em que se trata de uma garantia procedimental do exercício da autodeterminação informacional5. Afinal, se a Constituição prevê uma garantia processual referente dos dados pessoais, é de se inferir essa garantia existe para tornar efetivo um direito material, qual seja, o direito fundamental à proteção de dados pessoais.

Dessa forma – de acordo com o entendimento adotado pelo STF – o direito à proteção dos dados pessoais pode (e mesmo deve!) ser associado e reconduzido a alguns princípios e direitos fundamentais de caráter geral e especial, como é o caso do princípio da dignidade da pessoa humana, do direito fundamental (também implicitamente positivado) ao livre desenvolvimento da personalidade, bem como dos direitos especiais de personalidade mais relevantes no contexto, quais sejam – aqui nos termos da CF – os direitos à privacidade e à intimidade, ademais e com particular ênfase, o assim chamado direito à livre autodeterminação informativa.

Dada a sua relevância não apenas para a compreensão do conteúdo e alcance do direito fundamental à proteção de dados

5 MENDES, Laura Schertel. Habeas Data e autodeterminação informativa: dois lados da mesma moeda. *Revista Direitos Fundamentais & Justiça*, a. 12, n. 39, p. 185-216, jul./dez. 2018.

na CF, mas também para efeitos de seu diálogo com a legislação, jurisprudência e mesmo doutrina sobre o tema, importa sublinhar que diversos diplomas legais em vigor já dispõem sobre aspectos relevantes da proteção de dados, destacando-se aqui a Lei de Acesso à Informação (Lei 12.527/2011), o assim chamado Marco Civil da Internet (Lei 12.965/2014) e o respectivo Decreto que o regulamentou (Decreto 8.771/2016), e, mas especialmente, a nova Lei Geral de Proteção de Dados – LGPD, que finalmente entrou em vigor (18.09 p.p.), destacando-se que a sua parte sancionatória só venha a viger em 2021 e a Autoridade Nacional de Proteção de Dados ainda não tenha sido implementada e iniciado as suas atividades.

Assim, uma compreensão/interpretação/aplicação constitucionalmente adequada do direito fundamental à proteção de dados deverá sempre ser pautada por uma perspectiva sistemática, que esse direito não pode prescindir do diálogo e da interação (por vezes marcada por concorrências, tensões e colisões) com outros princípios e direitos fundamentais, que, dentre outros pontos a considerar, auxiliam a determinar o seu âmbito de proteção, inclusive mediante o estabelecimento de limites diretos e indiretos.

Assim, não se pode conceber o direito à proteção de dados de forma absoluta. Afinal, as informações pessoais integram a órbita de representação da pessoa no corpo social, o que demanda escolhas feitas em lei ou na Constituição, que demandem seu processamento ou sua exposição.

A limitação desse direito fundamental, no caso concreto, exige, (i) um fundamento constitucional, no sentido da promoção de um objetivo constitucionalmente legítimo, (ii) com a clareza necessária sobre a finalidade do tratamento de dados, para que se avalie o nível de intervenção no direito fundamental, (iii) que atenda às exigências do teste de proporcionalidade, quais sejam, a adeção, a necessidade e da proporcionalidade em sentido estrito (razoabilidade) da medida restritiva. Além disso, devem ser adotadas (iv) as providências preventivas mínimas de cunho procedimental e organizacional, orientadas à segurança dos cidadãos envolvidos e à diminuição dos riscos de danos a seus direitos da personalidade. Em verdade, quanto mais grave for essa restrição, mais contundentes devem ser as justificativas, os critérios e as precauções para tal fim, sob pena de se legitimar intervenções na vida privada em nome de fins genéricos ou necessidades coletivas abstratas.[6]

O que é de particular relevância no caso brasileiro – justamente pela existência, além da nova LGPD, de outras leis que versam sobre o tema – é ter sempre presente a necessidade de não apenas zelar pela consistência constitucional do marco normativo infraconstitucional no tocante aos diplomas legais isoladamente considerados, mas também de promover sua integração e harmonização produtiva, de modo a superar eventuais contradições e assegurar ao direito fundamental à proteção de dados, sua máxima eficácia e efetividade.

Isso quer dizer que todo e qualquer ato normativo e, de resto, todas as ações e omissões do poder público que estejam ou venham a estar em desconformidade com as exigências decorrentes da proteção constitucional dos dados pessoais na condição de direito fundamental são passíveis de serem controladas pelo Poder Judiciário, destaque para aquelas medidas que veiculem restrições constitucionalmente ilegítimas relativamente à proteção de dados pessoais.

Vale destacar que somente neste ano o STF já proferiu pelo menos quatro decisões relevantes que envolviam diretamente o tema da proteção de dados pessoais. Para além do caso do IBGE, o tema foi tratado na ADPF 695 (Caso Abin/Denatran), na ADI 656 (Cadastros de dependentes químicos) e na ADI 6.529 (Caso Sisbin). Nesse último caso, a Corte decidiu que os órgãos componentes

---

6 Para uma visão mais detalhada dessa discussão, vide MENDES, Laura Schertel. Habeas Data e Autodeterminação Informativa: os dois lados da mesma moeda. *Direitos Fundamentais & Justiça*, Belo Horizonte, ano 12, n. 39, p. 185-216, jul./dez. 2018, p. 204-213.

do Sistema Brasileiro de Inteligência (Sisbin) somente podem fornecer dados e conhecimentos específicos à Agência Brasileira de Inteligência (Abin) quando for comprovado o interesse público da medida, afastando qualquer possibilidade desses dados atenderem a interesses pessoais ou privados.

Como se percebe, o tema da proteção de dados adentrou de vez a jurisprudência constitucional brasileira no ano de 2020, exatamente o ano em que se iniciou a vigência da LGPD. Coincidência ou não, fato é que isso trará inúmeros impactos para as atividades dos poderes Legislativo e Executivo, visto que os seus atos se vinculam diretamente ao controle de constitucionalidade e à interpretação das normas constitucionais. É de esperar, assim, que se ampliem os debates sobre os parâmetros constitucionais para a coleta, uso e compartilhamento de dados no Brasil nas mais diversas áreas jurídicas, como o direito penal, o direito civil e o direito trabalhista, entre outras.

É na perspectiva desse novo marco constitucional e legal da proteção de dados pessoais no Brasil, sempre em sintonia e com um olhar voltado para o direito internacional dos direitos.

CAPÍTULO XIV

O CNJ E O DIREITO FUNDAMENTAL À PROTEÇÃO DOS DADOS PESSOAIS

Armando Rovai

No último dia 10, após a promulgação da Emenda Constitucional 115, todos os brasileiros receberam um direito fundamental essencialmente ligado à era digital em que vivemos: o direito à proteção de seus dados pessoais.

Tamanha a importância do tema que houve unanimidade no Senado e na Câmara dos Deputados.

O novo direito fundamental reforça tanto o Marco Civil da Internet quanto a Lei de Proteção de Dados Pessoais. Por isso, foi fixado que somente a União pode legislar sobre proteção e tratamento de dados pessoais.

A promulgação, pelo presidente do Congresso Nacional, senador Rodrigo Pacheco, foi uma pequena aula de Direito Constitucional.

O direito à proteção dos dados pessoais, inclusive em meios digitais, garante não apenas a privacidade do cidadão, mas a sua liberdade, ao estipular que estes pertencem a seu titular, o indivíduo, que tem poder de decidir a quem esses dados podem ser revelados, ressalvadas as exceções em lei federal expressamente determinadas.

Informação é poder. Portanto, não é difícil compreender que aquele que souber tudo a respeito dos brasileiros tem todas as condições de influenciar a vida privada e a vida pública no país, "para o bem ou para o mal", como observou o senador Eduardo Gomes, primeiro subscritor da proposta de emenda.

Cabe ao Conselho Nacional de Justiça, portanto, como órgão interno de controle de legalidade do Poder Judiciário, identificar situações concretas em que este poder inadvertidamente promoveu violação do direito fundamental à proteção dos dados pessoais para, em seguida, anular os atos, determinando que se protejam a liberdade, a privacidade, a autodeterminação e os dados dos brasileiros.

Ocorre que diversos provimentos do próprio CNJ transferem os dados mais pessoais dos brasileiros, aqueles que se encontram nos cartórios de registro civil, de notas, de registro de imóveis, por exemplo, sem o conhecimento ou anuência de nosso povo, para bases centralizadas sem suporte legal e, agora, constitucional.

A biometria, o cartão de firma, o casamento, o divórcio, a mudança de sexo, o nascimento, a propriedade, as procurações, o endereço, o nome, o endereço, o correio eletrônico, todos esses dados pessoais já foram transferidos para bases de dados centralizadas por ordem do CNJ. Sem conhecimento ou anuência dos titulares. Sob intenso risco de captura por hackers e mal-intencionados.

Recentemente, ainda, a Corregedoria do CNJ distribuiu minuta de ato normativo cujas propostas são preocupantes, pois retiram eficácia do direito fundamental à proteção de seus dados pessoais em razão de dificuldades técnicas das centrais ou do grande volume de requisições de dados.

Ato administrativo da Corregedoria não tem poderes para permitir essas violações ou ainda afirmar que "o compartilhamento de dados pessoais com centrais de serviços eletrônicos compartilhados é compatível com a proteção dos dados pessoais", como se lê na minuta.

Não cabe à Corregedoria do CNJ retirar efeitos do direito fundamental à proteção dos dados pessoais.

Como brasileiro, espero justamente o contrário, que o CNJ reconheça os amplos efeitos dos direitos fundamentais sobre os atos administrativos de todo o Poder Judiciário.

CAPÍTULO XV

MODERNIZAÇÃO DO REGISTRO ELETRÔNICO DE IMÓVEIS NO BRASIL: PROTEÇÃO DOS DADOS PESSOAIS NAS ATIVIDADES DE REGISTRO 11/09/2020

Ronaldo Lemos
Flávia Cano
Leonardo Chaim
Natalia Langenegger

Após quase 3 anos de sua previsão legal, o Operador Nacional de Registros ("ONR") foi finalmente regulamentado e seu estatuto aprovado. Entretanto, o texto de seu estatuto não incorporou com a densidade esperada temas de suma relevância, como os cuidados que deverão ser adotados para a devida proteção de dados pessoais

As modificações tecnológicas recentes permitiram que diversos serviços, antes prestados apenas fisicamente, passassem ao ambiente digital. Justamente nesse contexto, oficiais de registro iniciaram a prestação de seus serviços, em meio eletrônico, por meio de plataformas próprias ou compartilhadas.

No entanto, não havia uma coordenação de âmbito nacional dessas iniciativas. A Lei nº 13.465/2017 buscou harmonizar esse quadro com a criação do ONR, pessoa jurídica privada sem fins lucrativos, com o propósito de implementar, nacionalmente, o Sistema de Registros Eletrônicos ("SREI") – que visa a possibilitar o desenvolvimento do registro eletrônico de imóveis, viabilizar a prestação de serviços em meio eletrônico e facilitar trocas de informação entre serventias por meio de padrões de interoperabilidade.

A regulamentação do ONR se deu pelo Provimento nº 89/2019 pelo CNJ, que determinou suas competências, atribuições e composição. Após isso, em 16 de abril de 2020 ocorreu a aprovação do Estatuto do ONR em Assembleia Geral de Registradores de Imóveis.

Contudo, o Estatuto, como aprovado, não incluiu temas essenciais relacionados à (i) proteção de dados e informações pessoais; (ii) prestação de serviços aos usuários pelos oficiais de registro; (iii) definição de padrões tecnológicos de interoperabilidade; (iv) transparência e acesso à informação. Isso levou, entidades que atuam no setor de registro, como desenvolvedores de *softwares* e associações relacionadas, a se manifestarem perante o CNJ requisitando que os assuntos mencionados fossem discutidos.

1 A importância da LGPD na delimitação dos atos do ONR Proteção de Dados Pessoais

As atividades típicas dos registradores envolvem a coleta, análise, armazenamento e compartilhamento de dados pessoais – o que explica a necessidade de avaliar a perspectiva da LGPD. Com a instituição do ONR, inclui-se no sistema de registro imobiliário um novo agente cuja atuação toca também no cumprimento do disposto na LGPD.

De acordo com a LGPD, oficiais de registro recebem o mesmo tratamento das pessoas jurídicas de direito público, devendo observar suas particularidades. Isso significa que o tratamento de dados que realizam deve buscar o atendimento de sua finalidade pública e a persecução do interesse público, como toca a entidades governamentais.

É justamente nesse ponto que a constituição do ONR apresenta lacunas. O Estatuto do ONR e o Provimento nº 89/2019 deixam a desejar na correta delimitação da possibilidade de uso de dados dos registradores de imóveis pelo ONR. Isso porque, conforme observado, o compartilhamento só seria possível para finalidades bem delineadas – sob o risco de afrontar os princípios da adequação, necessidade e finalidade.

Assim, pelos princípios da LGPD o ONR deve se atentar ao princípio da necessidade na efetivação de suas atribuições legais, ficando adstrito às finalidades designadas. Nesse sentido, caso seja necessário o tratamento, esse deve ser compatível com as finalidades informadas ao titular de dados e ser realizado apenas com base em propósitos legítimos, específicos, explícitos e corretamente informados.

Além disso, a responsabilidade sobre o desempenho de serviços de registro e as relacionadas atividades de tratamento de dados pessoais recai pessoalmente sobre os registradores. Em função isso, é muito importante que tenham sua autonomia resguardada em decidir as formas que de prestação de serviços dentro do SREI, o que inclui as plataformas utilizadas, sistemas e mecanismos de segurança aplicáveis.

Afina, esse ponto consta do art. 236 da Constituição Federal que estabelece que os serviços notariais e de registro são exercidos em caráter privado, por delegação do Poder Público. Como reflexo disso, os profissionais mencionados devem estar submetidos à regulação específica, que discipline sua responsabilidade civil e criminal e de seus prepostos, bem como são fiscalizados pelo Poder Judiciário (art. 236, § 1º, CF).

Essa disciplina da Constituição é complementada pelas disposições da Lei dos Registros Públicos (Lei nº 6.015/1973), que determina que (i) livros, fichas, documentos, papéis, microfilmes e sistemas de computação são de guarda e responsabilidade do titular de serviço notarial ou de registro, que zelará por sua ordem, segurança e conservação (art. 46, Lei nº 8.935/1994); e (ii) ser responsabilidade pessoal dos oficiais de registro os cuidados essenciais para com os livros e documentos que resultarem de suas atividades.

Nesse sentido, com relação ao ONR, os oficiais de registro atuam como controladores dos dados, de forma que sobre eles recai responsabilidade solidária quanto às atividades de tratamento de dados pessoais nas quais forem parte. Já o ONR atua como operador de tratamento de dados, nos termos da LGPD. Isso faz com que os registradores tenham autonomia nas formas de prestação dos serviços de registro e, posteriormente, participando das decisões relacionadas às atividades que envolvam dados pessoais.

Além disso, é essencial que sejam assegurados níveis adequados de transparência sobre a performance e sobre as atividades de tratamento de dados que o ONR porventura vier a realizar. Trata-se de exigência constante da Lei de Acesso à Informação ("LAI") e da LGPD.

A LGPD estabelece que os agentes de tratamento de dados deverão fornecer informações sobre as atividades que realizarem, as quais deverão ser dispostas em linguagem clara e de fácil compreensão aos interessados (art. 6º, VI). Assim, o ONR deverá tornar públicos os mecanismos e técnicas utilizadas em suas atividades, sujeitando-se à fiscalização da Autoridade Nacional de Proteção de Dados, se necessário. Será necessário observar também as disposições quanto aos titulares de dados, sendo obrigatoriamente disponibilizadas informações como finalidade específica, forma e duração do tratamento; identificação e informações de contato do controlador; uso compartilhado de dados pelo controlador e a finalidade; e direitos do titular (art. 9º, I a VII, LGPD).

Diante disso, o ONR deverá observar a transparência em suas atividades sempre que atuar como agente de tratamento de dados, além de cumprir com os deveres da LAI.

Outro ponto em discussão no Estatuto do ONR é ausência de parâmetros que devem pautar a recomendação de padrões de interoperabilidade. Essa ausência de delimitação levanta riscos relacionados à possibilidade de serem estabelecidos padrões que exijam a utilização de um único sistema ou direcionem os registradores a adquirirem arquiteturas proprietárias e softwares exclusivos – em contraposição ao atual modelo de diversos fornecedores.

Para tanto, é importante destacar que a interoperabilidade é compreendida genericamente como a capacidade de dois ou mais sistemas distintos trabalharem em conjunto e trocarem e usarem estas informações entre si para obterem resultados esperados.

No setor de registros, aplicação de modelos interoperáveis tem como principal objetivo garantir a padronização dos documentos eletrônicos recepcionados, dos formatos para troca de dados entre os registradores e as plataformas das centrais, e dos vocabulários utilizados. Isso é necessário para permitir o intercâmbio de dados entre os sistemas dos registradores e possibilitar a troca de informações e migração segura de um sistema para o outros.

É justamente desse aspecto plural que decorrem os benefícios na aplicação de modelos interoperáveis, quais sejam: (i) inovação – protocolos e padrões abertos permitem que diversos atores e desenvolvedores forneçam suas tecnologias e desenvolvam novos produtos em cima de códigos já existentes, fomentando a inovação; (ii) flexibilidade – modelos interoperáveis com padrões e arquiteturas abertas permitem maior flexibilidade ao usuários do sistema em escolher o fornecedor que melhor se adequa às suas exigências.

Na legislação brasileira, a temática da interoperabilidade assumiu maior relevância quando da edição do Marco Civil da Internet, que estabeleceu como objetivo do uso da internet no Brasil a "adesão a padrões tecnológicos abertos que permitam a comunicação, a acessibilidade e a interoperabilidade entre aplicações e bases de dados" (art. 4, III).

Trazendo essa lógica para a digitalização do dos registros de imóveis, é importante que os padrões a serem estabelecidos pelo ONR se baseiem nesses princípios, com padrões abertos para que possam ser desenvolvidas novas tecnologias por uma diversidade de atores, além de permitir autonomia de fornecedor ou desenvolvedor dentro das autonomias das serventias, seguidos os padrões de interoperabilidade definidos.

Esses temas foram inclusive objeto de manifestação por parte de organizações da sociedade civil, como o Observatório da Liberdade e o Instituto de Tecnologia e Sociedade, no âmbito do Pedido de Providências 0002118-75.2020.2.00.0000 em curso no Conselho Nacional de Justiça.

Se é certo que a criação do ONR apresenta um passo importante para a modernização dos serviços eletrônicos de registro e para a concretização do SREI em âmbito nacional, é importante também assegurar que suas operações sejam realizadas de forma apropriada ao arcabouço jurídico regulatório brasileiro, sobretudo em relação à proteção de dados pessoais, atenção à LAI, prestação de serviços pela internet, interoperabilidade, e transparência e acesso à informação.

CAPÍTULO XVI

NOTAS E REGISTROS PÚBLICOS: A DESLATINIZAÇÃO PAULATINA

Des. Ricardo Dip

1 Instituições naturais e artificiais

As instituições todas, sociais, políticas, jurídicas, econômicas, culturais, a exemplo dos indivíduos, são, em cada ponto de seu tempo, um sumário instantâneo de sua história, o retrato, pois, não só de sua fisionomia contemporânea, senão que empolgante da imagem das marcas recebidas no ritmo sinuoso de seus momentos de progresso e de seus períodos de decadência, uns e outros a responder, rotineiramente, estes pela infidelidade, aqueles pela exatidão leal na observância dos princípios da natureza mesma de cada instituição.

Dos vários órgãos componentes do organismo em que consiste a sociedade política, alguns são naturais – assim, a família, de que com razão se afirma ser a cellula mater da sociedade, e também o estado, que é o órgão superior da orgânica social; outros são artificiais, de que dão exemplo as corporações de ofícios, as universidades, os grêmios culturais, as associações de lazer e as filantrópicas, etc. Aquelas, têm seu ser por imposição da natureza, ainda que seu modo de ser possa influir-se por acidentes da história. As artificiais são derivadas só de seu processo histórico de criação, o que não significa, entretanto, derivem da mera arbitrariedade humana e adversem os dados da natureza. Algumas dessas artificiais há até que podem dizer-se, de certo modo, híbridas, porque, exigidas pela natureza, sua criação é fruto da história dos homens: são órgãos que respondem a uma finalidade imposta pela natureza humana, mas que assim o fazem segundo uma diversidade resultante da determinação dos próprios homens; dão-lhes exemplos as instituições destinadas à publicidade dos fatos, atos e negócios jurídicos. Muito frequentemente, as entidades artificiais tratam de ser reflexos analógicos – ainda que, algumas, apenas funcionais – das realidades experienciadas, pode dizer-se quase de modo espontâneo, pela comunidade maior, institucionalizando, com aparato e disciplina expressa, a experiência social da (quase) espontaneidade: os usos e costumes fazem-se leis.

2 A convivência social humana e sua regulação

Dúplice dimensão possuem os homens quanto a sua natureza animal; são pessoas, com tudo o que isto impõe e significa no plano das necessidades próprias à subsistência material, moral, intelectual e espiritual, à margem de sua convivência comunitária. Mas são também indivíduos, uma parte de um todo –a comunidade–, que com ela e nele se relaciona, aqui na condição de animal social, é dizer, convivendo com outras pessoas (e indivíduos), em diferentes grupos sociais, ali, como um animal político, relacionando-se com o estado, enquanto é este o órgão superior da comunidade. Os homens, portanto, não vivem em sociedade, senão que nela convivem, porque é do convívio social – e não da natureza–, que os homens obtêm o quanto necessário à sua existência, e a sociedade política, tal o ensinou S. Agostinho, é "uma multidão concorde de seres humanos" – concors hominum multitudo –, cuja ordem exige alguma sorte de regulação, ainda que não exclusivamente provinda do estado que, como ficou dito, é apenas um órgão do organismo comunitário.

A regulação que se requer para a boa ordem social não é apenas a jurídica expedida pelos próprios homens; longe disso, pois, além de normas naturais anteriores e superiores às determinações humanas, que a elas devem subordinação, muitos aspectos da vida humana sequer se mostram propícios a normas ditadas por leis sociais impostas pelo homem; até parte das regras jurídicas, de resto, advém dos próprios corpos sociais menores, no exercício da soberania social, e não deriva, pois, da potestade política. Algumas regras nascem, primeiro, quase espontaneamente, na própria comunidade, e recolhem-se, aperfeiçoam-se lentamente e, só mais tarde, adotam-se e impõem-se também pelo estado. Entre essas regulações por assim dizer espontâneas, que se vão, com diferentes modos, estabelecendo a pouco e pouco na vida social, estão, historicamente, as relativas à publicidade dos fatos, atos e negócios jurídicos, que desaguarão no edifício do notariado e dos registros públicos.

Assim, pois, há um caráter universal na publicidade jurídica, sua exigência – para responder a uma necessidade convivencial dos homens – reconhecida ao largo da história toda das sociedades humanas, pese embora a variação com que essa publicidade se concretiza. É de concluir, pois, que a publicidade jurídica faz parte do ius gentium, enquanto forma intermédia entre a lei natural e a lei humana positiva; sua parte de ius naturale é a da necessidade de expressão social dos fatos jurídicos; sua parte de ius civile é o modo como se exprimem publicamente esses fatos, como se configura sua expressão social, na história tanto paralela, quanto sucessiva dos diversos povos, com a diversa tipologia das notas e dos registros, e, ainda dentro no mesmo tipo, considerando seus matizes, como é possível, para ilustração, avistá-los na gradação da latinidade notarial, diante da maior ou menor fidelidade dos notariados românicos (assim, no plural) ao modelo gestado desde a passagem da Antiguidade à Alta medieval até concluir-se no Baixo medievo.

3 Sobre a noção de publicidade

3.1 O termo publicidade pode entender-se de vários modos

No usus loquendi, significa, sobretudo, suas próprias funções cognoscitivas e difusora, que consistem em "tornar público", "dispor ao público" determinados fatos. Com efeito, essa acepção comum reflete a origem do vocábulo, com o verbo latino publico (publicavi,publicare, publicatum), que é tornar público, dar ao público, e disso advieram os advérbios publice e publicitus – com os significados respectivos de "para todos" e "em nome do povo" (ou "em nome do estado"). Daí que publicus seja o que diga ao povo em seu conjunto, o que se ponha à disposição do povo. É publicus seja o que se relaciona ao povo enquanto comunidade (koinonía), seja enquanto se representa politicamente pelo detentor de um poder qualificado pela soberania política; hoje, falar-se-ia em estado.

Publicus é termo que se aparenta com poplicus e populus (povo, conjunto dos cidadãos), é mesmo o adjetivo correspondente a populus (Ernout e Meillet). De que segue abranja duas instâncias de ordenação da comunidade: uma, a da soberania social, radicada nos grupos intermédios entre o indivíduo e o estado; outra, a da soberania política, própria do mesmo estado. Assim, ser público não é o mesmo que ser estatal.

Pode ir-se além: publicus deriva de pubes, pubis, vale dizer, "púbere", "adulto", "o que já atingiu a maturidade". Isto apresenta um aspecto quantitativo –o conjunto do número dos homines puberes– e outro de qualidade: pubes é o adulto maduro, é aquele que, adquirindo sabedoria, inclina-se a um bem maior que o individual, inclina-se ao bem de todos (res publica, a coisa pública ou coisa de todos: o bem comum). Ora, a res publica é o bem pessoal mais elevado dos que vivem na civitas, e como a ideia de respublica –na acepção clássica de nação ou estado– não se confunde com as noções de democracia ou de forma de governo republicana, deve entender-se que, seja possível, de fato, em toda forma de governo favorecer-se a res publica (o bem comum) ou, ao revés, atuar-se em seu detrimento, de tal modo que julgar da bondade ou maldade de um governo é aferir se ele procura o bem comum ou se, diversamente, ele atende a interesses que não são comuns, mas privados. Bem comum ou bem público, portanto, não é, pois, o mesmo que bem estatal: o estado é apenas uma parte da sociedade política, uma parte superior que o seja, mas parte e não todo, um órgão que há de atuar para o bem do organismo.

Desta maneira, quando se trata do princípio da res publica, não se há de pensar no interesse estatal, mas, isto sim, no interesse da comunidade em seu todo, e disso provém que esse princípio seja o mesmo clássico princípio da totalidade.

Na civitas, o bem comum ou res publica tem um primado sobre os bens particulares, ou seja, sobre os bens parciais, os bens das partes, porque as partes se ordenam ao todo. Todavia, os homens, convivendo socialmente, não por isto se ordenam ao todo social segundo a totalidade de seu ser humano, nem segundo tudo o que é de seu domínio; de não ser assim, estar-se-ia em frente a um regime comunal totalitário, isto é, em que apenas se considera o todo, sem reconhecer a autonomia das partes; foi o que Claude Polin designou de "despotismo administrativo".

O princípio da totalidade não significa, pois, devam os cidadãos e seus bens se submeterem integralmente ao estado, mas, sim, que o ser e o bem da parte se ordenem ao ser e ao bem do todo, quer dizer, que o bem particular se ordene ao bem do todo à maneira de seu próprio fim: "o bem do todo é melhor do que o bem das partes"; "a bondade de uma parte aprecia-se em função do todo" (S.Tomás de Aquino). A primazia do bem comum sobre o bem privado não significa, porém, que os homens se instrumentem, segundo toda sua pessoa e todos seus bens, a uma subordinação plenária ao todo estatal, porque aí já não se trataria do primado do bem comum, mas exatamente de uma violação do conceito de comum, suprimido pelo sacrifício arbitrário de alguns em proveito de uma parte (um corporação, p.ex.) ou ainda ao órgão superior do todo social: o estado; e que o estado seja parte da comunidade, e não seu todo, isto já o admitira, graficamente, Harold Laski, teórico do socialismo inglês, ao dizer que o estado é uma parte especializada no interesse do todo.

Sendo assim, o princípio da primazia da res publica possui limites ditados pela própria natureza social e política do homem, que não vive só em única e grande sociedade, massa amorfa e indiferenciada, senão que convive em muitas sociedades (família, grêmios profissionais, universidade, município etc.), todas elas com sua função de unificar e estruturar, harmonicamente, a ordem social.

4 Um retrato pragmático da publicidade

A história do aspecto modal da publicidade jurídica recolhe manifestações espontâneas que, sequer nos tempos atuais, deixam de encontrar-se, aqui e ali, a despeito de sua coexistência com uma publicidade jurídica institucional veiculada pelas notas e os registros. Não faltam, com efeito, ainda na hora presente, exemplos de convivência entre essa publicidade social espontânea e a institucionalizada, como pode ver-se ainda a primeira bem à frente de igreja da Porziuncula, em Assis extramuros, onde um painel faz as vezes do registro civil das pessoas naturais, pregando-se ali avisos de nascimento, casamento e morte. Antes, porém, de que a publicidade jurídica se organizasse politicamente, já ela se reclamava conveniente e até necessária para a vida humana, e testemunho disso deixou-nos o Antigo Testamento, assim, por exemplo, com a aquisição da cova de Macpelá por Abraão, perante a assembleia dos hititas, e a da terra fronteiriça à cidade de Siquém, a cujas portas fez a aquisição o Patriarca Jacó, ou ainda o exercício do direito de resgate por Booz.

No mais estreito âmbito das notas e dos registros públicos, a noção de publicidade pode afirmar-se analógica – mais especificamente, resultante de uma analogia de proporcionalidade própria –, abrangendo numerosos sentidos, assim os de (i) investidura (o que diz com o direito organizatório: no Brasil, o caput do art. 236 da Constituição federal de 1988 refere as notas e os registros como serviço público delegado); (ii) exercício de potestade-função; (iii) documentariedade (público é o que se remete à prova, à confirmação, e documento público, o que faz prova pública, prova plena, prova para todo o povo); (iv) expressividade (ou informatividade: veiculação sígnica destinada a viabilizar a finalidade confirmatória); (v) cognoscibilidade (i.e., o acesso possível ao conhecimento); (vi) compreensibilidade (ou significância); (vii) suscetibilidade da adquirir direitos – o direito político de ter direitos; o acesso notarial e registral é público porque é para todos); (viii) o bem comum (ou bem geral).

O aspecto modal ou tipológico da publicidade jurídica institucional, porque configuração contingente, é, portanto, uma resultante histórica, da qual, porém, sobretudo quando presente uma dada habitualidade – ou cronificação –, pode extrair-se uma sua natureza, que, ainda sem fruir, por evidente, de caráter metafísico, não por isso deixa de ser uma categoria permanente de características estruturais e operativas.

5 As famílias notariais

Ao examinar-se o tema da natureza histórica da publicidade jurídica institucional – sobretudo, de maneira restrita, a das notas e dos registros públicos –, tem-se de enfrentar a acusação, em muitos aspectos excessiva, de um dado europeísmo histórico. Já, contudo, para a análise dos casos particulares, a visualização retrocessiva da história do notariado e dos registros públicos ladeia essa imputação de eurocentrismo, porque, diversamente do exame de um itinerário prospectivo, em que diferentes hipóteses de modo de ser da publicidade institucional poderiam conjecturar-se em abstrato, nas apreciações regressivas está-se diante de um fato histórico que, bem ou mal, foi o que foi (e ainda é o que é, por sua descendência).

Dessa maneira, em retrospectiva é possível e de todo razoável, no ambiente do mundo ocidental, limitar os modos de ser do notariado a três famílias, designação mais apropriada para abranger as matizações que, dentro delas, referem tipos: a família do notariado latino, a do notariado anglo-saxão e a do notariado socialista ou administrativista. Não é esta a ocasião de visitar as distinções entre essas famílias, quando nosso interesse se dirige ao tema particular das notas e os registros públicos no Brasil, que, com modulações, adotaram as características do notariado latino, presente a circunstância de que os registros públicos possam, de algum modo, dizer-se receptores do legado notarial.

6 Sobre a hispanização do notariado latino

Ainda que a expressão notariado românico possa nomear conceitualmente o notariado latino –"tanto monta románico como latino" (Vallet) –, a romanização do notariado, além de referir-se a tempo e a espaço particulares de instituição do notariado latino, põe em consideração a variedade não só sucessiva, mas paralela de suas singulares nos territórios românicos; em rigor, o adjetivo latino apenas guarda exata correspondência com a língua vulgarizada – o latim bárbaro – nos instrumentos redigidos pelos escribas medievais.

Dentro, porém, dessa singularização romanística da cultura e da civilização latina, pode reconhecer-se preservado um caráter universal, a que não será demasia a denominação de latinidade, sem embargo, pois, da constante sedimentação das experiências concretas que permitirão, por exemplo, admitir a fisionomia de um notário latino românico da Hispanidade, é dizer, o notário românico das Espanhas, que, só a seu modo particular, singulariza as três características essenciais do notariado latino, a saber (i) o conhecimento prático-prático do trivium, especialmente da retórica; (ii) a especialização baixo-medieva no saber jurídico, o que muito se deve tributar os estudos da Universidade de Bolonha; (iii) a delegação de parte da soberania política na pessoa dos escribas, ou seja: a delegação da potestade da fé pública. São particulares vicissitudes históricas s as que, no fim e ao cabo, levam à caracterização, nas Espanhas, de um modo de ser especial de notário latino, o do status hispanicus latini notarii.

À formação desse tipo específico de notário latino terá contribuído o substrato germânico da civilização hispânica. Ao direito dos povos germânicos medievos não era estranho o exercício autotutelar das pretensões de crédito, desde o simples direito de retenção de bens – ainda que isto não implicasse expropriação– até medidas de constrição física, assim o direito de punho (Faustrecht) e o de apreensão do próprio devedor (Einlagen) e do fiador, um derecho de prendar o de embargar, perseverante ainda depois da Reconquista (cf., brevitatis causa, José Orlandís, Brunner-von Scherin e Núñez Lagos). Pode ver-se nisto uma certa concorrência de fato com a actio iudicati, mas deve considerar-se que a autoridade política tratou prontamente de vedar, embora sem maior êxito, o derecho general de prendar o devedor e o fiador (Recesvinto, já no séc. VII), e pode avistar-se uma paulatina redução da possibilidade dessa autotutela creditória: foi-se interditando sucessivamente o derecho de prendar aflitivo das pessoas eclesiásticas (cardeais, bispos, clérigos e religiosos), o dos mercados e dos caminhos para seu acesso, o dos tribunais e dos prédios dos Ayuntamientos, e, mais à frente, o das casas dos devedores e até mesmo o das cidades (Núñez Lagos, Orlandis).

De não serem, contudo, suficientes essas restrições, impôs-se aos credores a exigência de inexistir controvérsia manifesta acerca do crédito, cominando-se a pena de duplicação do valor a restituir-se ao devedor mal cobrado (pœna dupli). Disso proveio a redescoberta da importância dos antigos escribas, fortalecidos pelos estudos bolonheses, e esses tabeliães passaram a adotar em seus documentos várias cautelas – nem sempre imunizadas de malícia (com efeito, o termo cautelæ Cepollæ, quais sejam as cautelas do veronês Bartolomeo Cepolla, expressava, no uso vulgar, os artifícios, as astúcias, as artimanhas, etc.) –, cláusulas que se adicionavam ao fim das escrituras para robustecer o direito dos credores (incluso o derecho de prendar); assim, as cláusulas cautelares de rancura indicavam a prévia renúncia do devedor a demandar judicialmente sobre o débito, e a do obstagium ou pactum de ingrediendo importava em que o devedor admitia a apreensão de seus bens ou de sua própria pessoa pelo credor (cf. Núñez Lagos).

Mas essas cláusulas não foram suficientes, porque os títulos extrajudiciais não eram suscetíveis de execução, limitada essa via à actio iudicati – ou seja, à execução de um título judiciário (sententia, iudicatum). Dessa maneira, os credores passaram a demandar nas duas vias oficiais sucessivas: a pretoriana (processo in iure) e a judicial (processo in iudicio), instaurando processos simulados ou juicios fingidos, de modo que "el acreedor, antes de entregar el dinero, exigía del deudor una determinada conducta judicial" (Núñez). De comum, abstraída um controvérsia sobre a inevitável duplicidade desse processo, tanto que adotado fosse o procedimento tido por mais rígido, o devedor haveria de apresentar contra o pleito uma ligeira contestação perante o pretor, para, com isto, ensejar-se, por meio da litis contestatio, a via do processo judicial (isto é, a trilha do iudicatum civil), seguindo-se, adiante, a confessio in iudicio (ou seja, não mais perante o pretor, mas, sim, à frente do iudex) e o proferimento da sententia iudicis, aparelhando-se, então, a actio iudicati, o que era exatamente o escopo do credor. Em passo subsequente, admitiu-se a confessio in iure – afastando-se a necessidade de prévia contestatio in faciem prætoris –, dispensando-se, pois, a formação do processo in iudicio. Já se concedendo, portanto, a actio iudicati para um título pretoriano, outra simplificação ocorreu ao admitir-se que um mandado, o preceptum de solvendo, substituísse a decisão do pretor, e, ao fim, esse mesmo preceito foi sucedido por um preceptum notariorum, mais conhecido como cláusula notarial guarentigia, consagrando-se neste ponto o notário latino românico hispânico.

Eis, em suma, a trajetória histórica da singularização ou hispanização do notariado latino, faltando, entretanto, observar que, no aspecto subjetivo, a atribuição ou delegação da potestade pretoriana de expedir o preceptum dirigiu-se a uma categoria de scribæ já constituída pela comunidade ao largo de um itinerário plurissecular. Esses escribas – que podem designar-se a essa altura notários – não eram funcionários do poder político, mas particulares, embora sujeitos a colégios ou corporações de ofício, cujo caráter jurídico semipúblico não se deve desconsiderar. Desde a antiga agremiação desses scribæ nas escolas monacais e nas que a seguiram, onde se devotaram ao estudo do trivium, eles se foram agregando em entes corporativos – as universitates scribarum –, colégios que não se instituíam para fins crematísticos, senão que para atender ao bem comum da atividade dos scriptores iuris prudentes, e, como era isto comum, de maneira coordenada, ao bem comum geral ou público.

7 Aversio a latinitate notariorum: evasão privatística e a intervenção administrativa

Já ao tempo de consumar-se a configuração no modo de ser latino, o notariado dessa família apresentava um hibridismo tensivo entre suas características de ser entidade e ter função a um só tempo públicas e privadas, não parecendo nada impróprio, pois, reconhecer-lhe uma natureza semipública, apartando-o dos extremos negativos quer de uma, quer de outra dessas características, que redundam na conjunção institucional e funcional numa só pessoa – a do notário – do status de um agente ou oficial público e de um profissional de direito, ou seja, um exercente de arte liberal: o notário latino exerce, pois, secundum quid, função pública, e, secundum quid, função privada.

O afastamento do modelo ortodoxo do notariado latino pode graduar-se entre mínimos de pesos benéficos a um dos polos tensivos de sua natureza híbrida, passando por singularidades (tome-se por ilustração a estrutura cartorial do notariado brasileiro), até um ponto em que só nominalmente se haja de referir à persistência da latinidade notarial, assim se deu, por exemplo, no período de fins de 1945 a 2005, quando o Estado novo, em Portugal, implantou o sistema de notariado administrativo, de sorte que ali os notários, integrando-se na administração pública, eram funcionários públicos; isso permaneceu até a efetivação das normas do Decreto-lei português 27/2004 (de 4-2), cujo primeiro considerando se refere à "privatização do sector", acrescentando que os notários assumiam "uma dupla condição, a de oficiais, enquanto delegatários de fé pública, e a de profissionais liberais, desvinculados da actual condição de funcionários públicos". Passou-se a falar em liberalização do notariado lusitano, quando, sem que isso não esteja de algum modo correto, poderia também e talvez melhor falar-se em relatinização do notariado português, ou seja, no recobro de um próprio do notariado latino suprimido com a legislação anterior.

Tanto se vê, a recusa da latinidade dos notários – aversio a latinitate notariorum – é o resultado ou de uma evasão privatística, implicando um detrimento da parte pública da instituição e da função notariais, ou de uma estatalização (que também, segundo a diversidade de vistas, pode nomear-se administrativização, socialização ou funcionarização). Há gradações nesta aversio, desde as ligeiras vulnerações –como as que encomendam mais e mais funções burocráticas em paralelo com as próprias do ofício notarial, pondo em risco a mais eficaz e eficiente realização dessas funções próprias que passam a exercitar-se em concorrência com atividades delas alheias – até as mais desconstrutivas atuações, como as que, por exemplo, refutam princípios, assim o da imediatidade notarial ou o da independência das qualificações jurídicas pelos notários, em maltrato da natureza de função de comunidade que é da essência do notariado latino.

Acrescente-se que, descendente dessa latinidade notarial, os registros públicos também apresentam, por aquisição de legado, os traços fundamentais da família do notariado latino. De maneira que também quanto a esses registros é possível considerar o tema da deslatinização por meio de evasão privatística ou de interferência (incluídas as medidas tendencialmente ablatórias) da administração pública.

De um lado, a adoção multiforme de interferências socializantes mais ou menos supressivas das atividades e dos predicados típicos do notariado e dos registros públicos, e, de outro lado, a concretização das evasões privatísticas – fugas que se têm revestido de várias formas, quais a da preponderância da função documentária à de jurista, a da paulatina e crescente substituição das atividades singulares prudenciais (atividades estas que se têm indicado no âmbito de um "sistema blindado de segurança") por simples rotinas técnicas uniformistas ("sistema de segurança estatística"), com a assunção gradual das funções das notas e dos registros por entidades centralizadoras e de caráter jurídico puramente privado–, repete-se: as evasões particulares e a intervenção administrativa não são excludentes umas da outra, não se afastando, de fato, a conjunção de seus fatores, particulares e administrativos, na variedade desconstrutiva (deslatinização) dessas instituições. Em todo o plano macrossocial é agora corrente a combinação de extremos símiles.

Exemplos dessa combinação de causas desconstrutivas da latinidade notarial e registrária podem recrutar-se da experiência atual brasileira, em que se têm atribuído atividades próprias das notas e dos registros a grupos privados, frequentemente entidades de classe, o que se cumpre, no entanto e em boa parte das vezes, por meio de resoluções e provimentos judicial-administrativos, decisões de fontes públicas, não faltando até uma situação decerto rara de que de uma fonte pública não constitucionalmente legislativa tenha emergido disposição do custeio – incluso de seu quantum – dos serviços prestados por entidade privada.

São já várias essas centrais de direito privado que, versando atividades do extrajudicial, estão em operação no Brasil, entre elas, a Censec (Central de serviços eletrônicos compartilhados), de que são partes a CEP (Central de escrituras e procurações), a Cesdi (Central de escrituras de separações, divórcios e inventários) e o Rcto (Registro central de testamento on line); a Canp (Central de atos notariais paulista), o E-notariado, o Registro de imóveis do Brasil - central eletrônica de imóveis, a Cnib (Central nacional de indisponibilidade de bens), CRC (Central de Informações do Registro Civil, o Sirc (Sistema nacional de informações do registro civil), o Cenprot (Central de protesto) e o ONR (Operador nacional do registro).

Abstraída a questão da conveniência dessas centrais para atender, limitadamente, à necessidade informativa dos agentes econômicos, não se pode, entretanto, abdicar de referir a discussão que, à partida, cerca o fato de que elas foram instituídas à margem de estrita observância do preceito constitucional restritivo (caput do art. 236 do Código político de 1988) e das normas relativas à licitação e aos contratos administrativos, tanto as de porte constitucional (inc. XXI do art. 37), quanto as das leis infraconstitucionais (Lei 8.666, de 21-6-1993, e Lei 14.133, de 1º-4-2021). E ainda que, insista-se, não se ponha em questão a conveniência de centrais informativas – mormente porque a dimensão geográfica brasileira reclama um mais econômico acesso público às informações notariais e registrárias –, os impugnadores do novo modelo pleiteiam a necessidade normativa (de lege lata) de observação do modelo latino perfilhado pela Constituição federal de 1988, para não dizer, além disso, da conveniência pragmática de preservarem-se os bons frutos produzidos por nossas notas e nossos registros na linha da tradição da latinidade. É fato que o sistema de gestão privada da atividade pública notarial e registral adotado no Brasil exige concurso público, de que se isentam as titularizações das centrais por entidades privadas que, gestando banco de dados – o que pareceria desnecessário para uma atividade meramente informativa que poderia reportar-se apenas à fonte de depósito e custódia dos dados, sem tê-los em arquivo próprio –, atuariam, pois, quais se fossem hipercartórios de notas e de registros públicos, indiciando elementos prognósticos de que o modelo atomístico e suficientemente capilarizado das repartições das notas e dos registros públicos no Brasil seja suscetível de cômoda substituição – ainda que, de fato, uma substituição morosa e variável segundo as classes das atividades extrajudiciais – por um sistema eletrônico unitário centralizado. Seria o remate da marcha perseverante da deslatinização do notariado e dos registros públicos brasileiros.

CAPÍTULO XVII

TRIBUTO AO ONR – OPERADOR NACIONAL DO REGISTRO

Edilson Fernandes

O Operador Nacional do Registro – ONR é uma revolução no sistema registral.

Muitos – dentre eles Ministério Público Federal, Defensoria Pública de São Paulo e Instituto dos Arquitetos do Brasil – dizem que é *inconstitucional.*

Além de centralizar uma base de dados pessoais *duplicada* da base descentralizada dos cartórios sob sua posse, com evidentes questionamentos sob o prisma da privacidade digital e dos princípios da necessidade, finalidade e proporcionalidade, ele é uma espécie de *quasi*-estatal, exercendo o monopólio de acesso aos dados obtidos por meio dos registros em cartórios.

De acordo com Benjamin Peters (*How not to network a nation: the uneasy history of the soviet internet*), os burocratas soviéticos responsáveis pelo "plano" competiam para impor uma única tecnologia vencedora enquanto o ocidente inovava com agentes colaborativos em implementar soluções que realmente funcionavam e interoperavam entre si.

Considerando o sistema constitucional brasileiro, é de se indagar: *a lei pode atribuir a uma pessoa jurídica sem fins lucrativos exclusividade na planificação e na execução da tecnologia a ser empregada em um setor constitucionalmente "privado", ou seja, cuja função foi delegada para a gestão privada*?

Controle total da plataforma tecnológica, na forma de monopólio, com o consequente controle da base de dados pessoais, e a exclusão da livre e inovadora atuação privada contrariam demasiadamente a opção constitucional pela forma de atuação econômica.

O problema de efetivar essa concepção autoritária que resultou na criação do ONR na realidade fica evidente na forma de como haverá o seu financiamento.

No ambiente de livre competição de mercado, o investimento é feito pelos empreendedores (os desenvolvedores de softwares) e seus clientes (os cartórios e empresas que interoperam com cartórios). As decisões são tomadas de maneira descentralizada, por quem realmente usa o software e é beneficiado pelo seu uso. Esse formato é o natural na garantia constitucional da iniciativa privada, em que os agentes econômicos competem entre si e proporcionam desenvolvimento econômico e inovação.

Acontece que no monopólio sem riscos do ONR não há livres financiadores.

Na verdade, as ambições do ONR funcionam como *desincentivo a todos aqueles que pretendem desenvolver softwares destinados aos cartórios ou que interoperem com estes.*

Para que investir em um mercado em que há o ONR, com regras que impedem que sejam desenvolvidas soluções privadas, dos próprios cartórios e suas empresas prestadoras de serviço? E que impedem a competição e a inovação? Os registradores já pagam *voluntariamente* a empresas privadas por licenças de software em tese plenamente capazes de fazer, *diretamente*, a interoperabilidade eletrônica entre os cartórios.

A solução, conforme recente "jabuti" colocado na MP 996, inspira-se na estrutura de monopólio estatal, no sentido de impor aos registradores o pagamento de um verdadeiro *tributo* para financiar o ONR.

Com esse tributo, o ONR irá construir uma *plataforma compulsória* para uso dos registradores e da sociedade. Entretanto, *o suporte tecnológico para a integração dos dados registrados em cartório não se caracteriza como serviço público*, não fazendo sentido ser financiado por meio de instrumento tributário.

Ainda que se confunda "função pública" dos registros com "serviço público" (o que se aceita por absoluto respeito à argumentação), a instituição de eventual tributo não poderia ser delegada, vale dizer, os elementos essenciais dos tributos (fato gerado, base de cálculo e alíquota e sujeito passivo) devem estar previstos expressa e completamente previstos na lei.

Parece um plano "infalível", como diria uma certa personagem das histórias infantis. Mas não é esse o modelo de alocação de recursos e de atuação na ordem econômica no sistema constitucional brasileiro.

Trata-se de um triplo ataque: ao livre mercado, à privacidade digital dos dados pessoais e à legalidade tributária.

Espera-se que os idealizadores desse modelo e a diretoria do ONR entendam que vivemos sob um sistema constitucional em que não é possível instituir tributo para financiar entidade privada que pretende atuar no domínio econômico.

NOTAS

NOTAS

NOTAS

NOTAS

NOTAS

NOTAS

NOTAS

NOTAS

NOTAS

NOTAS

NOTAS

NOTAS

A Editora Contracorrente se preocupa com todos os detalhes de suas obras! Aos curiosos, informamos que este livro foi impresso no mês de janeiro de 2023, em papel Pólen Natural 80g, pela Gráfica Grafilar.